落語を知ったら、悩みが消えた

落語家　立川談慶

DANKEI TATEKAWA

JN205790

はじめに　落語は日本人の〝心の居場所〟

お江戸上野広小路亭で隔月で独演会をやっています。

コロナに悩まされること五年弱、収束を迎えつつあるとは言いながらも、「コロナが収まったら落語会に行きます」というメッセージをもらいながら、かつてのような集客にはつながらず、苦戦している落語家は私だけではありません。

ただ、こんな環境でも、「こんな環境だからこそ落語に触れたい」「落語でしみじみといい気分に浸りたい」という一定数のありがたい方はいらっしゃるようで、難儀しながらも、どうにかこの稼業を続けられています。


不思議ですよね、落語って。

漫才やコントみたいに、爆発的な笑いが前提となっているわけではありません。

歌舞伎みたいな様式美もありません。

映画やドラマのような影響力もありません。

でも、でもです。

前述したお江戸上野広小路亭の独演会に、たまたま通りかかった若いお客さんが入ってきて、終演後に「なんだか、抱いていた悩みが消えていました」と言ってくれたのは一度や二度どころではありません。そして、そんな方に「よかったら、打ち上げで一杯やっていきませんか？　気の置けない仲間ばかりですよ」とお誘いすると、「いいんですか」と一緒の席でビールを飲みながら落語家のバカ話に爆笑している。そんな姿を見ると、「案外、社会貢献しているのかもな」とふと思いたくなるものです。

今回の本は、まさにそんな「落語会とその後の打ち上げに参加して、なぜお客さんの悩みが消えたのか」にこだわって筆を進めてみました。

落語は、「強制ゆとりプレゼント装置」なのかもしれません。

現実社会でそんなしくじりをしてしまうと生きていけないほどの〝ドジ〟を、落語の登場人物たちは惜しげもなく披露してくれます。

「バカだなあ」「あり得ねえ」と笑いながら聞きつづけていくと、いつの間にやら、抱えていた悩みが消え去っていた。

そんな日本人にとっての〝緊急避難場所〟として機能しつづけてきたのが、落語なのでしょう。

落語に詳しくない方はもちろん、詳しい方も「こんな捉え方があったのか」「なるほど、こんな受け止め方をすれば楽になるなあ」と思える本になっています。

現代社会はあらゆるジャンルにおいて、すべての人々を悩ませようとトラブルが降りかかってきます。

でも、心配ありません。

この本は、そんな豪雨の中の傘みたいな存在となるでしょう。コンパクトサイズですから、折り畳み傘でしょうか。

心の折り畳み傘として、あなたの空間の片隅に置いてみてください。

きっと役立つはずですよ。


では、じっくりとお楽しみください。

落語立川流真打ち　立川談慶拝

目次

CONTENTS

第2章 「仕事」で困ったら

第3章 「恋愛」で迷ったら

第4章 「お金」が心配なら

第5章 「生きづらさ」を感じたら

本文ＤＴＰ／　株式会社ＳｕｎＦｕｅｒｚａ
本文イラスト　／　白井匠

第1章

「人間関係」で悩んだら

一眼国《いちがんこく》

それ、あんたのほうがおかしいのかも……よ？

見世物小屋を持っている香具師《やし》が、諸国を巡っている六部《ろくぶ》（巡礼僧）からいろんな話を聞いていた。すると六部は、「江戸から北へおよそ百里。大きな原っぱで一つ目の女の子に出くわした」と言う。香具師はその言葉を頼りに、さっそく一つ目探しの旅に出る。見世物小屋に出して儲けようという考えだ。

さて、江戸から百里、たどり着いたところで、子どもの声が聞こえてきた。なんと、目指していた一つ目小僧だ。香具師が「おいで　おいで」と誘って、そばへ寄ってきた子どもを抱え込むと、びっくりした子どもが「キャ～助けて～」と叫ぶ。

すると竹法螺《たけぼら》、早鐘《はやがね》の音とともに、大勢の人が追ってくる。香具師は必死になって逃げたが捕まってしまう。

「これこれ、生まれた国はいずこだ……生まれはどこだ、なに江戸だ、面《おもて》を上げい
……面を上げい！」

村の役人の前へ引き出された香具師がそっと顔を上げると、なんと自分を捕らえた百姓も役人も皆、一つ目。

「あっ！　御同役、御同役、ごらんなさい、こいつ不思議だね、目が二つある。調べはあとまわしだ、さっそく見世物小屋へ出せ」

落語は「他者目線」を教えてくれる

落語は「他者目線」で作られています。

八五郎がいたり、熊五郎がいたり、ご隠居さんがいて、与太郎《よたろう》をなだめたり、花魁《おいらん》がいるかと思えば、長屋の大家さんがいて、浪人がいたと思ったら、お殿様が出てきたりと、一人の人間が大勢の人間を演じます。

このあたりの感覚が、欧米などで定着している「スタンダップコメディ」とは一線

を画します。スタンダップコメディとは、世の中のさまざまなことをあくまでも自分の価値観で訴える芸能です。「俺はこう思う」がベースです。

つまり、〝まず自分ありき〟の表現形式です。


これ、なんだか似たことを言っていた人がいましたよね。

そう、デカルトです。「我思うゆえに我あり」

合理主義哲学として社会科の教科書に出てきた人です。フランスで一五九六年三月三一日に生まれたと記されていますから、ちょうど日本では戦国時代が終わって江戸時代が始まる前あたりの頃でした。

彼の思想をひと言で表すなら、「このように思っている自分は否定できない。まずは自分ありきだ」ということでしょうか。この「自分と他人」とを区別する感覚は、自然科学をベースとしたさまざまな学問に影響を与えることになりました。

〝自分第一主義〟という感じです。


かたや、デカルトが幅を利かせていた頃の日本は江戸初期。窮屈な新興都市にたくさんの人があふれかえっていました。ヨーロッパは日本と違って地震も圧倒的に少なければ、台風もやってきません。対して、日本は地震の被災地に大雪が降るような国です。江戸時代にこの国で「我思うゆえに我あり」なんて言おうものなら、「そんなこと言っている暇があったら、雪掻きを手伝え」と言われるのがオチでしょう。

つまり、我が国では「自分の主張をする前に、周囲に目を配ろう」というメンタリティが醸成されてきたのです。ヨーロッパを象徴するデカルト的な考え方とはとても対照的ですよね。

「お前はそう言うけれども、こっちからはこういう感じで見えてるんだよ」

その象徴が、この『一眼国』ではないでしょうか。少なくとも、シェイクスピアにはない感覚でしょう。

「逆から見る」と世界はガラッと変わる

何か人間関係でつまずいたら、この『一眼国』を思い浮かべてみましょう。

向こうから見たら俺はおかしいのかもな、と。

一度こんな具合に俯瞰で自分を見つめてみることは、大ケガを防ぐための柔軟運動にもなり得るはずです。

うちの近所の老人が、先日、高速道路の逆走で警察のご厄介になりました。

「無事でよかったですね」と話しかけたら、なぜか怒っていました。

「あいつら、あぶねえんだよ、反対側走りやがって」

まあ、事故などにならなくてよかったと思いつつ、この老人は、「自分は向こう側から見たらどんな風に見えているのだろう」という目線がないんだなあと、私もわきまえてみることにしました。これこそ、まさに〝老害〟と言われないための第一歩なのかもしれません。

「6」という数字も、反対側から見たら「9」です。中学時代に社会科で習う「ゲルマン民族の大移動」も、フランスの教科書では「ゲルマン人の侵略」と教えるそうです。人類永遠の課題でもあります「嫁姑問題」も、姑から見たら「自分の大切な息子を奪う嫁」だとも言えましょう。

逆から見つめる。クセをつけたいですね。

笠碁《かさご》

「どっちもどっち精神」を忘れるべからず

ある二人のご隠居は大の囲碁好きの仲良しで、「今日は『待った』なしで勝負しよう」と言い出して碁を打ちはじめた。が、負けそうになったほうが「待った」をしようとしたため、もめはじめる。次第に、お互い囲碁とは関係ないことをほじくり返し合って大喧嘩に発展し、絶交して別れてしまう。

しかし、互いに碁会所に行くほどでもない低レベル同士。二人とも、貴重な碁敵を失った毎日が退屈で仕方なくなってしまい、「自分の相手はあいつしかいなかった」と後悔しはじめた。

ある雨の日、一方のご隠居は「向こうもきっと自分と同じ気持ちのはず」と笠をかぶって相手の家へ出かけていく。

相手も相手で暇を持て余していたのだが、笠をかぶったご隠居が近くにやってきたのを見つけ、これ見よがしに軒先の見える位置に碁盤を出しはじめた。が、そのご隠居は家を素通りしたり、また戻ってきたりとなかなか入ってこない。イライラして、つい「やい、へぼ！」と声をかけたことをきっかけに、「へぼとは何だ！」などと言いながらも、お互いの距離は縮まり、二人は仲直りして碁を打ちはじめる。

そんな二人の間の碁盤の上に、ぽたりぽたりと水滴が落ちる。

「恐ろしく雨が漏るなあ」

とつぶやきながら碁盤を拭き、相手を見て気づいた。

「お前さん、笠かぶりっぱなしだ」

喧嘩したっていいじゃないか

いまや「共感過剰社会」なのかもしれません。思想家の内田樹《たつる》さんの本に記してありました。

売れているビジネス本などを試しに読んでみたりしますと、コミュニケーションの鉄則として、「まず相手に共感しましょう」などという文言が並びます。苦手な相手にまで共感すれば、かえってストレスがたまるのではと思うのですが、それでも現代社会は共感を強制します。いや、強制というより〝矯正〟みたいな感じでしょうか。

なんだか人間関係で息苦しくなりそうなときに、この『笠碁』の距離感っていいなあと感じます。

この落語は「冷却期間」の大切さが謳われているような気がしませんでしょうか。「必ずしも相手に同意する必要なんてないんだよ」と、この落語がささやいてくれているような気分に浸れませんでしょうか。

「仲のいい相手となら、喧嘩したっていいんだよ。喧嘩するほど仲がいいって言うだろ」と、親戚のおじいちゃんが、昔話がてら優しく語りかけてくれたような感じになるのが、伝統のある落語のすごいところなのかもしれません。

いまやＬＩＮＥやFacebookをはじめ、誰とでもつながれてしまう社会であります。

便利には違いありませんが、返信が一週間遅れたぐらいで、「あいつは大丈夫か」などと余計な心配もセットになってくるという意味では、現代人は面倒くさい環境に住んでいるとも言えます。

私は碁はやったことはありませんが、仲良くなった相手のことを「碁敵」と呼ぶメンタリティの奥ゆかしさはいいなあと思います。『トムとジェリー』の「仲良く喧嘩しな」という歌詞にもつながりますよね。

そして碁のお好きな方に言わせると、「同じレベル同士が一番打ち解ける」とのことです。

もう少し素直になれたら、もっとうまくいく

この落語を語るたびに、中学高校時代はさほど仲良くはなかった友人たちが、今、自分の落語会に来てくれていることをふと思い浮かべます。本当はあの頃だって仲良くなれていたかもしれませんが、ともに受験という「碁」のようなゲームの渦中にいたせいで、意地を張り合いすぎて、親交を深めるきっかけを失ったままだったのでは

とも思えてくるのです。

『笠碁』の作者は、きっと「もめている者同士って、お互いどっちもどっちだよ」という深い哲学の持ち主だと確信します。そんな気持ちをお互い持ち合わせていれば、関係性は上手にキープできるのではないかとすら思います。

碁は調べてみますと、中国由来のゲームでなんと四〇〇〇年の歴史があるとのことです。

私の故郷、長野県上田市にゆかりのある真田昌幸・幸村親子が、徳川の大軍が近くに押し寄せてきているにもかかわらず、ずっと碁を打っていたという古文書に接したことがあります。「碁盤は宇宙、碁石は星」と呼ばれているように、碁盤と碁石から導かれる運命の予知を、親子で分かち合っていたのかもしれません。


そして、この落語のラストで碁盤が濡れている描写ですが、あれは笠をかぶった相手の「ごめんな」という涙だったのかもしれません。そしてもう片方の男は、本当は涙と気づいていたけど雨のせいにしていたとしたら……。

やはり、友達っていいですよね。

長屋《ながや》の花見《はなみ》

一人で抱え込むのは、もうやめよう

貧乏長屋の一同が大家さんに呼ばれた。みんな「店賃《たなちん》の催促だ」と戦々恐々する中で、親子二代にわたって払っていない奴もいれば、与太郎に至っては「まだもらったことがない」と訳のわからないことを言い出す始末。

しかし、大家のところへ行くと、店賃の催促ではなく「みんなで悪魔っ払いをしに、上野の山へ花見に行こう」との誘いだった。しかも、大家が酒、肴《さかな》（つまみ）代を負担してくれるという。

一同は酒が飲めると喜ぶのだが、実は大家も金がなく、酒は煮出した番茶を薄めたもの、卵焼きはたくあん、かまぼこは大根の漬物という、「豪勢な花見のフリ」と

のことだった。一同は肩を落としながらも、仕方なく出かけていく。

上野の山では、「卵焼きをおくれ、しっぽのほうでいいや」とか「かまぼこですか、これが。胃の悪いときには、かまぼこおろしがいいですね」などと冗談を言い合う、他愛ない〝見栄張り花見〟の席が続く。

そして、大家に「酔え」と言われた一人が、湯呑みをじっと見て、

「大家さん、近々この長屋にいいことがありますよ」

「そうかい。どうしてだい？」

「ごらんなさい、酒柱が立っている」
※「茶柱が立つと縁起がいい」という言い伝えがある。

「飢えと寒さが落語のテーマだ」

言わずと知れた古典落語の代表格のようなネタです。季節も春に限定されていますので、二月ぐらいからこぞってどの落語家もかけはじめます。寄席でのトリのとき、

「一年ぶりに、『長屋の花見』をやろうかな」とさらって出かけていくと、中トリあたりで語られていたというのは、落語家のあるあるネタでもあります。

ずばり言います。この落語のテーマは〝分散力〟ではないでしょうか？

「飢えと寒さが落語のテーマだ」とは談志がよく言っていました。落語の舞台には、飢えと寒さが両方やってくる冬が多いのが何よりの証拠です。名作落語の『芝浜』（54ページ）『文七元結《ぶんしちもっとい》』『富久《とみきゅう》』『ねずみ穴』は、まさに「飢えと寒さ」がベースになった人情噺《ばなし》であります。

人口密集地であった江戸は、そんな我が身に迫りくる不快感に対して、なすすべがありませんでした。一人だけ金持ちになって、南の島に行って優雅に暮らすことなどもちろん不可能です。

逆に、「飢えと寒さ」からの脱却は、戦後の八〇年でやっと実現したことだとも言えましょう。あの戦争を体験した談志や談志と同世代の私の両親も、「食べるものがなかった」とはよく述懐していたものでした。

談志は生前「腐っている食い物があったとしても、食わないという選択肢はなかった。それを食べて腹を下すほうを選んで生きてきた」とよく言っていましたっけ。基本的に食べ物を残すという発想がなく、楽屋に残っていたケータリングのパンなどはいつも持って帰っていたものです。私の真打ち昇進のお披露目会場となった、今はなき赤坂プリンスホテルでは、タッパーを持ち込んで余ったピラフをみっちり詰めて持ち帰っていました。

その一か月後でしたか、「お前のパーティーに出ていたピラフな。冷凍しておいて、食べる分だけまた炒め直して食ってるけど、うまいぞ」と自慢していたものでした。

戦争中に食べられなかったという原体験が、あの「ケチ」と評判の談志のキャラクターを形成したのでしょう。そんな命の次に大切にしていた食材が入った冷凍庫の中身を、全部腐らせてしまうようなボーンヘッド（へま）をしでかしたのは、ほかならぬ前座時代の私でありました（汗）。

〝同志〟を増やして分散させよう

いやはや、過去のしくじりを顧みながらしみじみ思いますに、落語の登場した江戸以降の三〇〇年近い日本人の積年の願いこそが、「飢えと寒さ」のクリアだったのでしょう。

では、江戸時代の人々はどうやって「飢えと寒さ」をしのいでいたのでしょう。

私は、それこそ〝分散力〟ではないかと思っています。

みんなが飢えと寒さに悩まされているのなら頭割りしよう、という感覚です。

「俺だけがそんな境遇に苦しんでいるんじゃない。みんな一緒なんだ」という共通認識こそ、この『長屋の花見』を支えるメンタリティではないでしょうか。

かような〝割り勘発想〟は実生活でも役立ちます。

たとえば、あなたが「残念な上司」に悩まされているとしましょう。

そんなときのまず一番の解決策は、居酒屋での割り勘よろしく、同じような立場で悩んでいる仲間を増やすのです。

自分一人で背負い込むことからの脱却を図りましょう。

仲間の数が増えれば、あなたの負担も軽くなるばかりか、そんな同志たちとは密度の濃いコミュニケーションが取れるはずです。

人間は得てして、好きなものより嫌いなものの共有のほうが結びつきは強くなるもの。私もサラリーマン時代、面倒な上司とはそんな距離の取り方をしたものです。

そう、『長屋の花見』は実戦向きだったのです。

権助魚《ごんすけざかな》

なんだかみんな、心が狭くないかい？

旦那がお妾《めかけ》さん（愛人）を囲っていることを突き止めた商家の女将《おかみ》さんが、飯炊きの権助に一円を渡し、「旦那のお供をしてお妾の家を突き止めてくれ」と言う。

床屋から帰ってきた旦那は、「向島《むこうじま》（東京都墨田区の地名）の丸安さんに用事があるからすぐ出かける」と言うので、女将さんは権助を無理やりお供につけさせる。

しかし、権助の不審な言動から、旦那は「うちの女将から一円もらって、俺がどこに行って誰と会ったかを伝えろと言われているだろ」と言い当てる。

うろたえる権助に、旦那は二円を渡して買収する。そして「両国橋の近くでばったり丸安さんに出会い、ちょうどよいと柳橋の料亭で芸者、幇間《ほうかん》（太鼓持ち）をあげ

てどんちゃん騒ぎをし、隅田川で網で魚を捕って楽しんだ後に湯河原へ向かったので、旦那は今晩は泊まりだと言え」と伝える。そして、その証拠の品として魚屋で網捕り魚を買って、土産に持って帰れと指図した。

権助は旦那を見送って魚屋に寄り、「網捕り魚をくれ」と言って魚を買うのだが、ニシン、スケソウダラ、目刺し、タコ、かまぼこと、絶対に隅田川では捕れない魚を買って店に戻る。

さて、旦那の言う通りの顚末《てんまつ》を女将さんに報告したのだが、家を出てから二〇分しか経っていないことからウソがバレてしまう。権助は苦し紛れに、買ってきた魚を「隅田川で捕れた」と女将さんに強弁する。

「権助！　これらの魚は関東じゃ一円で捕れないの」

「二円じゃございません。旦那から二円もらって頼まれた」

「人間の業の肯定こそ落語だ」

ウケる噺《はなし》の代表格で、いまでも頻繁に若手からベテランの落語家までが手がけます。

この落語を聞いて、「権助みたいな人がいてもいいなあ」とか「実際にいたら面白いなあ」と思えるような人こそが、さらに落語を好きになるような気がしています。

なんとも世知辛《せちがら》い世の中です。

ネット界隈で発してしまった失言は、デジタルタトゥーとしてこの世から消えることはありません。芸能人や政治家のネットでのスキャンダル記事は、とどまるところを知りません。

そんな他人の言動に過敏な世の中だからこそ、救いを求めるかのように令和の今、お客さんは落語会に足を運んでくれるのでしょう。

もともと「人間の業の肯定こそ落語だ」と師匠の談志は定義しました。

「人間なんてダメなものだ。努力で世の中が変わるんだったら、とうの昔によくなっている」とも言っていました。ダメな登場人物たちがおりなすダメな言動に触れ、笑い合うことで明日の糧になっていたのが落語だったのです。

そんな落語の通奏低音のように、人間らしいダメさや鈍感力を発揮しているのが、権助というキャラクターです。おそらく地方から出てきて田舎弁丸出しの下男《げなん》（住み込みの雑用係）が、江戸中にはたくさんいたのでしょう。

彼らの「鈍」な部分と、目端《めはし》の利いた連中の言動とのギャップが、江戸っ子の笑いの種になっていたはずです。

急ぎなさんな、寛容に生きよう

話は翻《ひるがえ》って、現代は超高齢社会を迎えています。

人生一〇〇年時代と呼ばれて、高齢者がファーストフード店で働くケースが増えるばかりか、都内で「注文を間違える料理店」なるレストランがオープンして話題になりました。認知症の方が働いているお店とのことで、「ハンバーグを頼んだのに餃子が出てきても、それがおいしいのならば許し合おうよ」というコンセプトのもと、テレビディレクターの小国士朗《おぐにしろう》さんの発案で企画されたとのことです。

無論、働く人にもプライドがあるので、最低限間違えないように最善を尽くしています。ただ、それでも間違えてしまった場合は、お互いフォローし合うという前提があるとのことでした。

この「間違いを期待するのではなく、間違っても許容しましょう」というスタンスは、なんだかコロナ禍以降に露呈した〝不寛容社会〟に対して、いい意味でさりげなく問題提起している感じがしますよね。


もしかしたら、認知症とは「すぐに答えをはじき出すことが当然となってしまった社会」に対して、神様が超高齢社会と同時にセットしたプログラムなのかもしれません。「急ぎなさんな」という神様からのメッセージがそこに込められているとしたら、もっと世の中が優しくなるような感じがしませんでしょうか。だって、もともと人間なんて不完全そのもので、その不完全さをある意味体現している症状こそが、認知症なのですもの。


「認知症の人も含めて、社会に不必要なものなんてない」と落語は言いつづけてきたからこそ、長つづきしているとも言えましょう。

もっとゆっくり生きて、他人に寛容になりましょう。

落語は優しいのです。

半分垢《はんぶんあか》

「謙虚こそが正義」だと思ってないかい？

江戸相撲へ出かけた関取が三年ぶりに帰ってきた。これを聞いた取り巻きが、関取の顔を見たいと家を訪ねる。関取の女将さんに、「江戸での修業でさぞかし立派に大きくなっただろう」と尋ねると、女将さんは「はい、大きくなって帰ってきました。背は二階の屋根より高く、頭は一斗《いっと》樽《だる》のようで、目玉は炭団《たどん》（だんご状の固形燃料）くらいあります。朝飯を五升食べました」と大げさに言う。

これを真に受けた取り巻きが驚いて帰っていくと、奥で休んでいた関取が出てきて、「なぜ謙遜しないんだ。江戸から帰りの三島の宿《しゅく》で、富士山の大きな姿を見た。そこで宿の女中に、『朝から夕まで、雲の上の大きな富士山が見られて女中さんたちは果報者だ』と言うと、『大きく見えても半分は雪でございます』と謙遜した返事だった。それを聞いて、かえって富士山が大きく見えたぞ」と注意する。

さて、しばらくして町内の若い衆が訪ねてくる。「取り巻きから聞いた。大きくなって戻ってきた関取を一目見にきた」と女将に言うと、

「いいえ、関取は今朝、小さく、小さくなって帰って参りました。頭は一口饅頭《まんじゅう》ほどで、目はあずき粒です。さっき朝飯を五粒食べ、座布団で寝ています」

これを奥で聞いていた関取。あまりの謙遜にばかばかしく、いたたまれなくなってドスン、ドスン、大きな音を立てて出てくる。

若い衆はびっくりして、「大きくて立派じゃないか」

「いいえ、こう見えましても半分は垢でございます」

"謙遜は美徳"というワナ

短いわりには落語らしくフリとオチがきちんとあるため、寄席で時間がないときにかけられる「逃げ噺」と称される落語の一つであります。

謙虚さは美徳ですが、あまりに謙虚になりすぎるとおかしいものです。
いやあ、それにしても近頃は、あらゆる局面で他人への気遣いが当然の空気感になっていますなあ。

言葉を生業《なりわい》とする私が、最近特に気になっているのが、「させていただきます構文」です。

先日、あるアーティストのコンサートで「この前、北海道でコンサートを開かせていただいたんですが……」という謙遜しすぎの言葉に違和感を覚えました。
なるほど、謙虚や謙遜は、たしかに美徳です。へりくだる姿勢は一瞬奥ゆかしくも感じましたが、そのアーティストの自由闊達《かったつ》なパフォーマンスを観にきた私としては、「なんだか周囲に気を遣いすぎているな」という率直な感想を持ってしまったものでした。

極論すれば、ファンは推しのアーティストの突破力的言動に惚れて、時間とお金を投資するものです。ある意味、そんなアーティストの振る舞いの巻き添えになりたくて、ファンになっているものです。

意地悪な言い方をすれば、「させていただきます」という言葉の裏には、「主体は私ではありませんから」という逃げの匂いが漂っているような心持ちがしたのでした。いや、これはアーティスト個人のせいではなく、世間の「させていただきます」の同調圧力のようなものに合わせた発言だったのかもしれません（一流のアーティストこそ、空気が読めてしまいますから）。

謙虚も過ぎれば卑屈になる

周囲を気遣うことは無論大切ですが、基本的に、人と人は対等であるべきではないかと思います。

談志門下に弟子入りしたばかりの頃、談志の若いお客さんから伝言を預かり、「○○だとおっしゃっていました」と伝えたところ、「言っていました、でいいんだ。そんなに客が偉いわけじゃねえ！　慇懃《いんぎん》無礼だ」と怒られたことを思い出しました。

あまりに他人に気を遣いすぎる言葉は、かえって逆の印象を与えてしまうものなのです。

この落語も「気を遣うことは大切だけれども、あまりに気を遣いすぎるとドジを踏むよ」という戒《いまし》めがあって、それを面白く教訓として残したいという思いが結実したものなのかもしれません。

なにせ当時の江戸は世界最大の人口を有する大都市でしたから、そのストレスたるやものすごく、気遣いは前提になっていたはずですが、過度になると逆に角が立つことをシャレまじりに訴えていたのではないでしょうか。

謙虚と卑屈。自信と自慢。粋とキザ。度が過ぎれば、どれもおかしくなるものです。

その辺の差配は、とてもセンシティブであります。

たしかに言葉遣いは大変難しいものですが、そんなときこそ「自分がもし相手からそういう言葉遣いをされたら」という、他者目線が肝心ではないかと思います。

前述した前座の頃の私も、談志に小言を食らう前に「もし自分が『おっしゃっていた』と言われたら、やっぱりおかしいよな」というチェックを働かせるべきだったのです。

いやあ、談志の小言は、本当に後から響いてくるものであります。

金玉医者《きんたまいしゃ》

さりげなく、自分の弱みを他人に見せてみよう

病で寝込んだ娘を持つ主人。いろんな医者に診せたが一向に良くならない。そんなとき、とあるインチキ医者が訪れて「治す」と宣言する。任せてはみたものの、あんな頼りない医者に診せてしまっては、娘の容態が悪化するのではと心配になった主人が、障子を少し開けてのぞいてみると、娘は元気そうに見えた。インチキ医者は翌日も往診にきて、「もう大丈夫でしょう。薬も要らんでしょう」と報酬をもらって帰っていった。なぜか、娘はすっかり元気になっていく。

「あれほど悪かった娘の病がこんなに早く良くなろうとは……何か特別な薬でもお使いでございますか」

主人がインチキ医者に尋ねると、得意げに、

「ちょいと金を見せたのよ」

「え、キンと申すと?」

「着物の前がはだけるふりをして、金玉を少しだけ見せたのじゃ」

そんなことに大金を包んでしまうとは、ならば自分もやってみようと、主人は娘の部屋へ行く。たっぷり見せたほうが効き目も良かろうと、娘の顔の前でいきなり、勢いよく着物の前をめくった。すると、「きゃー!」と大声で叫んだ娘さん、目を回して倒れてしまった。主人はあわててインチキ医者を呼び、事の顚末を話すと、

「ははぁ、それはいけない。薬が強すぎました」

弱みは、人に見せてなんぼ

晩年の談志が頻繁に高座にかけていたネタでした。思い返すと、立川流では真打ち昇進は年数ではなく「取りにこい」スタイルでした。真打ちになりたかったら、その内容を俺に見せろ、というわかりやすいシステムで、「昇進トライアル」という形式

で談志を自分主催の会に招いて、満座の観客の前で審判を仰いで出世していく方法が、立川流のお家芸として定着していました。

二〇〇四年九月、当時入門一三年目の私も同じ覚悟で談志を招き、助演に談春《だんしゅん》兄さんを招き、雪駄《せった》タップを隠し玉として無謀なトライアルを企画しました。談志が絶対やらない『不動坊《ふどうぼう》』と『藪入り《やぶい》』を引っ提げて挑んだ際、談志はこの『金玉医者』を口演しました。そして、「お前も、いつかは俺みたいに下手にやりたくなる。そうならなきゃウソだ」と言い切りました。

あれからだいぶ時間は経過したのですが、「落語を下手にやる」という感覚は、まだ一向につかめないままであります。

さて、この『金玉医者』、くだらなさの極致のような落語です。『芝浜』や『らくだ』で大衆をねじ伏せてきた談志が、最後の落語の地平線として可能性を見出したのが、このつかみどころのない落語だったとも言えましょう。

医者の所業は医療行為にもほど遠く、犯罪まがいでもあります。しかし、結果として娘の病が治ったということを良しとして、この落語からテーマを抽出するとしたら、

「恥ずかしさや弱みを上手に出せば、相手は心を開いていく。かといって全部さらけ出すと、相手も参ってしまうよ」という点でしょうか。

何をやらせても不器用な私は、前座修業クリアに九年半もかかりました。それでも開き直り「無骨に怒られながらも一歩ずつ前に進もう」と談志に踊りや歌を却下されるたびに、ほぼ毎日見せにいきました。行くたびに「下手くそ」と罵倒されるのですから、プライドはズタズタになります。

が、これでもかと必死に食らいついていくと、「お前はそんなに不器用だったのか。だったら俺も我慢して向き合ってやる」とまで言われて、二つ目昇進の切符を獲得したものです。ある口の悪い先輩からは「いやがらせの勝利だな」とまで言われましたが、本当にその通りでした。

ただし、自虐はほどほどに

でも、だからと言って師匠の機嫌を無視してまでは動いていません。機嫌こそ最優先で、その辺はきちんとわきまえて動いたものです。

実はこれって、振り返れば、私のワコール時代の面倒くさい得意先との向き合い方でもありました。「自分は鈍くさくて、少年野球ではレギュラーになれませんでした」みたいなネガティブな過去を〝武器〟として近づいていったのです。すると相手は警戒心を解除して「そうかい、俺も野球は下手だったよ。あんたよりはマシだろうけど」などと言ってくれたものでした。

ここも、やはりさじ加減で、私が自虐的すぎても痛々しくなり、向こうにもかえってプレッシャーを与えてしまったかもしれません。「昔野球が下手だった」くらいでちょうどよかったのです。

自分のダメなところを、むしろ微妙に逆手に取るような感じで突き進むことは、案外大切なのかもしれません。

その後、真打ちに昇進する際には「飲みに行くか」と談志に誘われて、「お前にこんなこと言っても仕方ないけどな」と心の闇を打ち明けてくれるようにもなりました。

何が幸いするかわかりません。ダメなところも才能かもですよ。

あくまでも、ほどよく、さりげなく。

人に自分の弱みを見せていきましょう。

親子酒《おやこざけ》

一番の理解者は、あなたのそばにいる

ある商家の父親と後継ぎの息子は、ともに酒好きだった。

ある日、父親は息子の酒癖が悪いことを心配し、一緒に禁酒をしようと持ちかけ、息子も承知した。

しかし数日後、酒を飲みたくなってきて仕方ない父親は、息子が商いに出ている間、女房に頼んで「少しだけ」という感じで飲みはじめたのだが、案の定、つい飲みすぎてベロベロに酔っぱらってしまう。

そこに息子が帰ってくるのだが、なんと、息子もぐでんぐでんに酔っていた。

怒った父親は息子に説教するが、酔っているため息子の顔が何重にも見える。

「こんな化け物に、この身代《しんだい》（財産）は渡せない」
と父親が言うと、息子も負けじと笑いながら、
「俺だって、こんなぐるぐる回る家は要らねえや」

子は、親のダメなところに似る

談志の師匠、私にしてみれば大師匠にあたる柳家小《やなぎやこ》さん師匠の十八番中の十八番《おはこ》でした。もともと小噺程度の短い噺でしたが、時間のないときに小さん師匠は爆笑を取っていたものです。

さて、この落語、ばかばかしい笑いの中に「親子は似るものだ」という微笑ましい真理が隠されているような気がします。そして、大概は似てほしくないマイナスな部分ほど、子どもは受け継ぐものです。

他人のせいにするのはよくないことかもしれませんが、私の不器用な生き方は父親譲りでした。

今の時代ならば、中学二年に相当する高等小学校二年を終え、父親は家計を救うた

め働きに出ました。昭和二〇年、終戦のときです。以後、父親は定年退職の五五歳になるまで四一年間、ずっと働きつづけました。少年期は祖父や祖母のため、成人してからはお袋、そして私と弟が生まれてからは家族のためと、働きづめでした。

五五歳の定年の日、私は大学三年でした。近所のスナックに一緒に飲みに行ったことを今でも覚えています。四〇代後半で、長年働きつづけたことによる気管支喘息《ぜんそく》のような呼吸器系の疾患を背負ってしまったことが一番の理由でしょうが、根っからの不器用さから、部長職などのいわゆる出世とは無縁の会社員人生を送っていました。

あのとき、親父の酔っぱらった姿を冷静に見つめながら、漠然と「俺は絶対サラリーマンにはならない。もっと要領よく生きていく」とひそかに誓ったものでした。

が、いざ社会人になってみると、たしかにサラリーマンは三年で辞めて落語家になったものの、前座修業突破に九年半もかかるなど、結果として親父譲りのスローな芸人人生を歩むことになりました。

前座期間中、精神が参っていたときに一度だけ、「俺、落語家には向いてないのかもな」と親父にこぼしたことがありました。

親父は笑いながら「焦るなよ」と諭してくれたものです。

私の兄を一歳二か月で亡くした反動からでしょうか、私がどんな道を選んでも応援してくれた父親でした。弱音を吐いても優しく支えてくれたものでした。

「親に似てしまった」「親のせいだ」と思ってみよう

この本を読んでいるあなた。

もし、人間関係がうまくいかなかったり、失敗などをしてしまったりしたら、一瞬でも「親に似てしまったのかもな」と思ってみてはいかがでしょうか。

そして親御さんに電話やメールなどしてみましょう。「俺のこんなところは親父譲りだよ」「私、お母さんに似ちゃったのかも」と。自分のミスを他人のせいにするのはよくないことかもしれませんが、相手が親ならば、むしろ喜んでくれるはずです。

さらに、親御さんは「じいさんもそうだったのかも」などと、会話が優しく発展しそうな感じがします。

責任を棚上げするという意味ではなく、親やご先祖さまと〝割り勘〟にする感覚ならば、きっと笑って許してくれるはずでしょう。

二〇二四年春から新社会人になった私の長男でありますが、もし就職した会社の人間関係でつまずいたならば、私もこんな感じで受け入れてあげたいなと思っています。子どもが悩みを打ち明けてくれるなんて、親としては誉れでありますもの。

還暦近くになって私も振り返ってみますと、若い頃、抱いた悩みに対しては「解決法」を求めているものではありませんでした。一番の処方箋は「聞いてもらうこと」だったように思います。解決するのは、他人ではなく自分なのですから。

息子から悩みを打ち明けられたら、「俺に似てくれて、ありがとう。こんな親孝行はないよ」とひとまず優しく包んであげたいなと思っています。

こんな話を次男に伝えると「ママの血が入っているから、パパほど不器用じゃないよ」と言われてしまいました。

いや、そんなことはありません、きっと彼も私同様の不器用さから、この先いろんな失敗をしでかすはずです。

いつでもＬＩＮＥしてこいよ。あ、パパの悩みも聞いてくれよな。

百年目《ひやくねんめ》

人によって態度や性格を変えて、何が悪い？

ある大きな商家の番頭は、店では堅物で通っていたが、実は名高い遊び人だった。

ある日、番頭は桜満開の向島で舟遊びの後、丘に上がって芸者や幇間を引き連れ、扇子《せんす》で顔を隠して激しく酔っぱらい、鬼ごっこに興じていた。

しかし、そこをたまたま通りかかった店の旦那にからんでしまう。てっきり幇間だと思って扇子を取ってみたら、なんと旦那。番頭はつい「ご無沙汰しています」としどろもどろになってしまった。すぐに、番頭はあわてて店に戻る。旦那も後から戻ってくるが、その日はなんのお咎《とが》めもなかった。

あくる日、旦那の部屋に呼ばれた番頭は、クビを言い渡されると思い、「もはやこれ

まで」と覚悟する。しかし、部屋に入ると、「あんなに大きな遊びをしているのだから、きっと店の帳面も穴だらけだと思っていたら完璧だった。立派な商人になってくれていたんだな」と旦那から評価され、「来年は店を持たせる」と確約される。

番頭は、旦那の優しさに泣き崩れた。

「ところで番頭や、昨日会ったとき、ご無沙汰していますと言っていたが、あれは一体どういう了見だったんだい？」

「はい、堅物堅物と思われていました私が、あんな無様な姿でお会いしたものですから、〝ここで会ったが百年目〟だと思いました」

知っておきたい「分人主義」

これは名作中の名作落語であります。三遊亭圓生《えんしょう》師匠のＣＤをぜひ聞いていただきたいと思います。お客さんの反応とはとても面白いもので、大爆笑のときに自然発生的に起きる拍手のことを「中手《なかで》」と呼びますが、これが来ると落語家はうれしいものです。そして、圓生師匠の『百年目』では、なんと泣かせる場面で中手が起きます。

つまり、観客の「そうだ！　よくぞ言ってくれた」というスーパー同意なのです。笑いとは真逆のときに起こる稀有《けう》な現象を、どうか味わってみてください。

さて、この落語、テーマをひと言で言うならば「許し」でしょうか。酔っぱらってからんできた部下のしくじりすらも許す、旦那の度量です。

実社会が不寛容に傾きはじめているからこそ、学んで身につけたいメンタリティであります。では、どうすればそれが身につくのでしょうか？

ここで浮かんでくるのが「分人主義」ではないかと感じています。

「分人主義」をわかりやすく言うなら「本当の自分なんてないよ」ということです。「本当の自分なんてない、その分いろんな人格があるものだよ」というのが、ざっくりとした意味になります。

とかく最近は、自分の人間性や性格は一つしかない、などとあり得もしない「本当の自分」という言い方で自己を固定しがちです。

そして、自分に対してあるべき姿を規定したがる一方で、他人に対してもそんな理想をぶつけてしまうものであります。

この「分人主義」は、作家の平野啓一郎さんが提唱した概念ですが、とてもわかりやすいですよね。

そんな分人の反対にあるのが「個人」です。これまでは「個人」という不可分の存在というイメージで人間を考えてきましたが、そうではなくて「一人の人間の中にもたくさんの分人があるんだよ」と思うだけでも、なんだか肩の荷が下りてくるような気になりませんでしょうか。

自分の〝居場所〟を増やしていくヒント

「○○だからこうしなくてはいけない」などという固定観念から離れてみましょう。

大昔の落語なのに、この旦那は「まじめな番頭」というイメージだけで相手を切って捨てようとしない優しさが救いになっています。こう考えると、この『百年目』は、分人主義の予言のようにすらも響いてきそうですよね。

「還暦近い落語家がベンチプレスで一〇〇キロ上げる」のも分人主義でしょうか。考えてみたら談志も「国会議員になった落語家」第一号であり、「自分の流派を創設した落語家」第一号でもありました。

あなたは一人の個人ではなく、いくつもの分人です。

相手によって、いろいろな自分がいるのは当たり前。

いろんな側面のあなたが、そこにあるはずです。

そこで試しに、いろいろな「顔」を持ってみたらいかがでしょうか。

「マカロンに異様に詳しいサラリーマン」でも「ヨガ講師の免許を持つＯＬ」でも、試しに好きなジャンルを極めてみましょうよ。

いろんな肩書きを持つようになればそれがあなたの〝居場所〟にもなるはずで、居場所が多くなればなるほど、人間関係でのストレスも緩和させやすくなるはずです。

そして、ここが一番肝心ですが、そういういろんなカラーを有するようになれば、他者の多様性にも寛容になれるのではないかと確信しています。

好きな世界を増やすことで人様に優しくなれるなんて、一石二鳥で最高じゃありませんか。さ、今から私はジムに行ってきます（笑）。

第2章

「仕事」で困ったら

芝浜《しばはま》

やらされている仕事に「やりがい」なんてない

腕はいいのだが、酒におぼれる魚屋の亭主・勝五郎、通称魚勝という男。

ある日、女房に怒られて、しぶしぶ久しぶりに商いに出かけたのだが、女房が時間を間違えて起こしてしまったため、魚勝は芝の浜で時間をつぶすことになる。が、そこでなんと、大金の入った革財布を拾う。魚勝は喜んで帰宅し、「落とし主なんかどうせ現れない！　酒だ、肴だ！」と女房に言い放ち、友達を呼んで昼から飲めや歌えやの大騒ぎをした後、また酔いつぶれて寝てしまう。

翌朝、「商いに行ってよ」と女房に叩き起こされる魚勝。「冗談言うな、昨日拾った金がある」と言ってまた寝ようとするのだが、女房は「お金を拾ったなんて、あり

得ない。そもそもお前さんは商いに行っていないじゃないか。そんな夢を見るなんて、情けないよ」と泣きながら訴える。「そうか……ええ夢を見ちまったもんだ。我ながら情けねえや」と、女房の言葉に目が覚めた魚勝は改心し、酒をピタリとやめ、人が変わったようにまじめに働きはじめる。

そして、三年が経った大みそか。

女房は、大金の入った革財布を奥から取り出し、「三年前の話は、あれは夢じゃなかった。お前さんは本当に拾ってきたの」と打ち明ける。

あの日あのとき、女房が財布の件を大家さんに相談したら「全部夢にしちまえ。そうしないとあいつは立ち直れない。拾った金なんか使いこんだら、捕まって罪人になっちまう」と言われたので、必死にウソをついていた、とのことだった。号泣しながら詫びる女房に対して、魚勝は怒るどころか感謝する。

打ち解けた二人。女房が酒を勧め、魚勝も口をつけようとするのだが、途中でやめる。

「よそう、また夢になるといけねえ」

〝主導権〟はどこにある？

年末恒例の大ネタ中の大ネタともいうべきネタです。

かつては「三木助《みきすけ》の芝浜」とまで言われていた桂三木助師匠の十八番を、談志は現代風にアレンジしながら、晩年「ミューズが舞い降りた」と本人が述懐するほどまでに極みを追求したものでした。

以後、さまざまな落語家が、それぞれの立場と時代に応じた価値観の変化を取り入れながら、現在まで語り継いでいます。

今回は少し視点をずらしてみて、夫婦という人間関係ではなく「仕事」に置き換えて、この落語の現代的意義を追求してみましょう。

キーワードは〝主導権〟ではないでしょうか？

この落語に関して言うならば、「女房が注意して禁酒した場合」と「魚勝が自主的に禁酒した場合」との違いを考えてみましょう。

前者は主導権が女房にあり、後者は主導権が魚勝本人にある形になります。

この物語が重みをもって時代を超えて伝わっているのは、魚勝がやりがいを持った格好で生き抜いているからではないでしょうか。だからこそ、噺の後半に輝きが増しているのです。

そして、ラストの「よそう。また夢になるといけねえ」という名セリフ。これもまた、主導権が魚勝にあったからこそ、自分で「断る」という選択ができたのでしょう。

困難克服力のことを「レジリエンス」と呼びますが、それは主体性や主導権が自分にあるかどうかで決まってくるものです。

医者に勧められて、しぶしぶ始めたダイエットは続くわけもありません。やはり主体性がないことには、継続は不可能です。私が二〇年近く続けている筋トレなんざ、重いダンベルを上げ下げするだけのものですが、誰かにやれと言われてやっているなら周囲からは苦役にしか見えませんし、無論、筋肥大も起きません。

仕事もやらされているうちは身が入らず、結果として他人のせいになってしまうものです。

主体的であれば、いつでも逃げられる

前座修業中、よく師匠に言われたのが「俺はお前に、ここにいてくれと頼んだわけじゃない」という言葉でした。

たしかにその通りです。師匠に惚れて入門したはずなのに、いつの間にか「きついな」「なんで二つ目に昇進させてくれないんだろう」と自分の不勉強さを師匠のせいにしようとしていた時期がありました。

人間、他人のせいにしたほうが絶対楽になれるものです。

が、ダメになりそうなときに、ふと「安定したサラリーマンの道を捨ててまで、この道を選んだのは自分ではないか」と、その都度思い直してきたからこそ乗り越えられたのでしょう。

仕事で行き詰まったときには、「主導権はどこにあるのか」を常にチェックすると軌道修正できるのではと確信しています。

そしてそのためにコツとして、「自分は結局何がしたいのか」「どうなりたいのか」

という思いを常に問いかけることが大切なのではと思います。

自分に主導権がある手ごたえを感じているのなら、どんなに厳しい環境でもやり抜くことはできるはずです。

だって主導権があれば、逃げることさえ可能なのですから。主導権とは、自分に対する責任でもあるのです。

壁にぶつかったら、ぜひ『芝浜』を思い浮かべてみましょう。忘れていた何かを、きっと思い起こさせてくれるはずです。

井戸《いど》の茶碗《ちやわん》

とことん不器用に、たくさん失敗しよう

「正直清兵衛《せいべえ》」というあだ名を持つほど正直者の清兵衛というくず屋が、裏長屋の浪人千代田朴斎《ちよだぼくさい》から預かった仏像を、細川藩の武士・高木佐久左衛門《たかぎさくざえもん》に売った。

高木が買った仏像を磨いていると、なんと中から五〇両が出てくる。驚いた高木は、清兵衛に「仏像は買ったが、中の小判まで買った覚えはない」と主張する。

清兵衛は、高木に言われた通り五〇両を千代田に返しにいくが、千代田は千代田で「一旦わしの手を離れたものから何が出ようが、受け取るわけにはいかない」と断固拒否。双方の正直がぶつかり合う。

困った清兵衛は、千代田の住む長屋の大家に相談し、「高木と千代田に二〇両、清

兵衛に一〇両」と分けたが、まだ千代田だけは納得しない。そこで、大家は千代田宅に出向き、「何か品物を高木に渡せば、タダでもらった金ではなく、その品物を売った代金になる」と説得し、千代田は普段使いの茶碗を高木に差し出した。

さて、この一連の話を快く思った細川の殿様がその茶碗を目利きに見せたところ、「井戸茶碗」という大変な名器と判明。殿様は、高木から三〇〇両で購入する。例に倣って、半分の一五〇両を高木はもらうことにして、残り半分の一五〇両を千代田に渡すべく、清兵衛を呼びつけて千代田宅を訪れさせた。

案の定、お金を受け取ろうとしない千代田に対して清兵衛は、

「今度は値がつかないものを高木様に差し出しましょう」

と提案すると、一七になる千代田の娘を高木が嫁として受け入れてくれるならば、支度金として一五〇両を受け取るという。

清兵衛がこの話を高木に伝えると、高木も「千代田の娘なら」と快諾する。

「いまはちょいとくすんでいますが、磨けば、ますますいい女になりますよ」

「いや、磨くのはよそう。また小判が出るといけない」

正直者は、報われた

語っていて気持ちのよくなる噺の一つであります。

今日では、「正直で生きるよりも、要領よく生きるほうがいい」という価値観が主流だからこそ、正直者が報われるこの噺が心地よく感じられるのでしょう。

かくいう私も、不器用を絵に描いたような人生を歩んでいます。

それこそ『親子酒』の項でも書いたように、私の父親も一四歳のときから四一年間、ずっと一つの会社で辛抱しつづけるような不器用人生でありました。

「親父のようにはならない。もっと要領よく生きよう」と反発するかのように落語家になってはみたものの、前座修業で九年半もかかるという親父以上の鈍くささでありました。


ただ、こんな私でしたが、前座時代を振り返ってみますと、師匠に対していわゆる〝言い訳〟は一つもしてきませんでした。

誤解で怒られたケースもありましたが、「誤解させてしまった自分が悪い」という腹のくくり方をしてきましたので、最終的にはそんな私の不器用さを師匠は受け入れてくれたものと確信しています。

だからこそ前座突破に九年半かかったものの、そこから巻き返すように、トータル一四年で真打ちに昇進することができました。お披露目の席で談志は「手間がかかったことが、すべてこいつの芸の幅になった」とまで言ってくれました。

私事で恐縮ですが、この落語同様、正直者はやはり報われるということを体現しているのが、ほかならぬ私であるとも言えるのです。

こんな私の自伝的小説がコロナ禍において『花は咲けども噺せども』（PHP文芸文庫）というタイトルで出版されましたが、その帯文には談春兄さんも「不器用をこじらせたような男が芸人になった。うまく生き抜けるわけがない。でも、だからこそ愛おしい」という、私の人生への賛辞のような熱いメッセージを送ってくださいました。

そうなんです。

師匠にしろ兄弟子にしろ、やはり必ず誰かは見てくれているのです。

要領よりも経験の容量を

そして今書き連ねているこの本も含め、そうやって遠回りして培ってきた経験値が、いま地下資源となって、多数の本を著す源にもなっています。

つまり、これからは要領ではなく〝容量〟なのかもしれません。

成功のみを追いつづけようとする〝要領〟的生き方は、案外薄いものです。

失敗をも飲み込む〝容量〟的生き方のほうが、絶対値も大きく魅力的です。「不器用」「くそまじめ」「バカ正直」に生きている皆さん、どうぞ胸を張ってください。

昭和が成功体験を具現化した時代ならば、平成はその幻影を追うことに終始した時代でしょうか。ならば令和は、成功も失敗もすべて受諾する、清濁併せ呑む時代なのかもしれません。

『井戸の茶碗』という落語が、いまだに観客に受け入れられていることが、何よりの証拠ではないでしょうか。

読者の皆さん、一緒に不器用に生きましょうぜ！

浜野《はまの》矩随《のりゆき》

他人の真似ばかりでは、成功できない

父親が名工だった浜野矩随は、父親に似ず、あまりにも腕は未熟だった。父親の死後、若狭《わかさ》屋《や》甚兵衛《じんべえ》だけが義理で作品を買ってくれている日々を送っていた。

いつものように矩随が下手くそな馬を彫って若狭屋へ持っていくと、たまたま機嫌の悪かった若狭屋は、「五両をやるから、これを母親に渡して死んでしまえ！」と冷たく言い放つ。

傷ついた矩随は死ぬ覚悟を決め、母親に無尽《むじん》（庶民の金融互助会みたいなシステム）に当たったと言って五両を渡す。矩随の様子から若狭屋の一件を見抜いた母親は、「死んでおしまいなさい」と突き放し、死ぬ前の形見に観音様を一体彫ってく

れと頼んだ。矩随は「これが最後の作」と、一心不乱に観音像を彫りつづけた。彫り上がった観音像を母親に見せると、母親は笑みを浮かべ、「若狭屋に持っていって三〇両で引き取ってもらえ。ビタ一文負けてはだめ」と矩随に念を押す。さらに、「喉が渇いた」と訴え、矩随に碗の水を半分飲ませ、残りは母親自らが飲んだ。

さて、矩随が若狭屋へ持っていくと、「まだ父親の作が残っていたのか」と間違えるほどの立派な観音像。三〇両で買い取ると言い、「なぜこんないいものが彫れた？」と問い詰めた。矩随が母とのやりとりを話すと、若狭屋も十分納得するのだが、碗の水の話を聞くと「別れの水杯だ！」と察知し、急いで矩随を自宅に帰す。

矩随が帰宅すると、母親は手首を切って死んでいた。

母の死によって、さらに覚悟を決めた矩随は精進し、名人と言われるようになった。

「守破離」のプロセスを心得る

左《ひだり》甚五郎《じんごろう》が出てくる「名工もの」で、講談由来の一席ですが、先代の圓楽《えんらく》師匠が頻繁に語っていました。この最後の母親が自害する箇所を、すんでのところで助けるという設定にしている落語家もいますが、私は自害させるほうが、矩随の覚悟がより決まるのでは、との判断で従来通りに語っています。

無論、母親が死んでやっと立ち直るなんておかしい、と意見が分かれるところかもしれませんが、そういう演出は語る落語家に任されている許容範囲の広さも、落語の魅力の一つなのかもしれません。

この噺から浮かび上がってくるのは、やはり「人の真似ばかりしていてもダメだよ」というところでしょうか。

きっと浜野矩随は、ずっと名工である父親の真似をしようとしたがゆえ、腕が上達しなかったのでしょう。

サラリーマン経験は三年しかない私ですが、上司のスタイルを踏襲すれば、ひとまずこのコミュニティでは「しくじらずに済むな」というレベルは、何となく把握できるようになりました。これは、最低限の真似レベルですよね。

武道や茶道で用いられる言葉に「守破離《しゅはり》」というのがあります。

これは、技芸習得のプロセスみたいな格言です。

まず「守」は「修」とも表されるように、「型を徹底的に身につける時期」という意味です。会社員における研修期間、絵画におけるデッサン、落語家における前座噺のみっちり稽古に相当します。

その段階を終えて、一旦身につけたものを「破」ることが第二段階になります。さなぎから成虫になるように、自分が造成した型を破るイメージでしょうか。たとえて言うなら、幼稚園児が着慣れた園児服のサイズが合わなくなるような感じです。

そして、さらにもっと高みの境地へと「離」れて羽ばたいてゆく――という一連のプロセスを指します。

真似をしてからが本当のスタート

談志の落語人生にこの法則を当てはめてみますと、「落語は人間の業の肯定」と定義した頃は「守」にあたります。そして、今まで培った落語観を壊すべく、「破」のランクに上がった際の談志の象徴的な言葉が「落語はイリュージョン」というものでした。「ロジカルでは捕捉できない、小言を言いながらあくびをしてしまうのが人間だ」とスポットを当てたものでした。さらに、晩年の「落語は江戸の風」という発言です。すべてを超越し、風に吹かれるまま「離」脱してゆく世界――。ずばり、ひと言で言うならば、真似からの拒否でしょう。実際、談志は型破りな人間で、落語界の常識を塗り替えた人生を突き進みました。

翻って、まだまだ私は師匠の影から「離」れようとしている段階かもしれません。

これは、サラリーマンの皆さんにもきっと引用できるルールではないかと確信しています。

なるほど、かつての新卒三年目の私は真似レベルでありました。そこで満足してしまったら、成長は終わってしまいます。

真似という型を作ったら、そこで終わりなのではありません。そこからが本当のスタートなのです。そのためには理想を高く持ちつづけるしかありません。

仕事で結果が出ずに悩んだときは、この「守破離」を思い出してみてください。

真似の拒否、つまり談志を真似ましょう(笑)。

時《とき》そば

マニュアルよりも、状況判断力を

屋台のそば屋が二八そば（うどん粉二割、そば粉八割からの由来という説が一般的）を売りにきたので、呼びとめた男。注文したそばをさんざん褒めながら食べ終え、そば代の一六文を支払おうと、一文銭をそば屋の亭主の手に載せていく。

「一つ、二つ、三つ、四つ、五つ、六つ、七つ、八つ」

そう数えたところで、男はそば屋に尋ねる。

「今、何時だい」

「はい、九つ（ただ今の時刻で午前〇時）です」

すぐさま「一〇、一一、一二……」と続け、一文かすめ取っていく。

その一部始終をのんびり見ていた男。「俺もやろう」と翌日、そば屋を呼びとめて、昨日の男が言っていたことをそのまま真似してそばを褒めるのだが、すべて的外れ。しまいには、最後の銭をかすめ取る段になって、

「一つ、二つ、三つ、四つ、五つ、六つ、七つ、八つ……、今何時だい」

「へい、四つ（ただ今の時刻で午後一〇時）です」

「五つ、六、七、八……あれ？」

昔から痛い目に遭ってきた「マニュアル人間」

言わずと知れた、落語らしいネタの一つであります。

要するに「付け焼刃は剝《は》げやすい」もので、失敗した男はすべて受け売りで、しかも功を急ぐがあまりに、昨日より二時間早く「犯行」に及んで失敗してしまいました。

ずっと以前から申し上げているように、落語は江戸という人口過密地帯で花開きました。そこで描かれているのは、笑いによる戒めでもありました。

「人間は、こういう失敗をするものだよ」とドジ話を列挙することによって、江戸の

人々は笑いながらも気をつけていったのでしょう。

そして何よりすごいのは、その普遍性です。

江戸時代の人々も令和の我々も、失敗や悩みの根源はそんなに変わっていないのだと気づかされ、我々までも「いつか、こんな失敗をやらかすかもしれないな」と思えるところに落語のすごさがあります。


この『時そば』という手垢のついたような落語からは、「マニュアル通りは痛い目に遭うよ」という真理が浮かび上がってきます。

談志門下に入門し、師匠からは「俺を怒らせなかったのは、談幸《だんこう》と志《し》の輔《すけ》だけだった」とよく言われました。師匠を不快にさせないように振る舞うことが前座の一番の眼目でしたので、談幸師匠に話を聞いてみると、「いやあ、談之助《だんのすけ》兄さんの作ってくれたマニュアルがあったんだよ」とのことでした。

これらを談之助師匠に伝えたところ、「早く楽になりたかったんで、師匠の性格をわかりやすく伝えただけですよ」とこちらも素っ気なく言っていたものでした。

談之助師匠のマニュアルは、ただのマニュアルではなかったのです。

正解よりも最適解を求めよう

たしかに、「対談志マニュアル」みたいな虎の巻があれば、前座の頃の私はどれほど安心できたかわかりません。

当時の自分も「作ってみよう」という気持ちがふと芽生えたのですが、あの頃の師匠は落語協会から独立してまだ一〇年ぐらいの、朝令暮改の真っただ中のような状況で、マニュアルなど作れるはずもありませんでした。

実際、鵜《う》の木（東京都大田区の地名）の師匠の生家から渋谷へ向かう際も、「目黒から行くか」と言っていたのに「中目黒に出て乗り換える」と急に変更したりと、その場その場の状況と気分に任せる気まぐれそのものでもありました。

いや、単に日々の行動のみではありません。落語に関してもそんな感じでした。

師匠の前で師匠の音源で覚えた落語を師匠そっくりにやっていても、「待ってくれ、それは俺が若い頃に勢いで処理していた箇所だ。その場面で熊公八公（落語の登場人物）はそんなことを言うはずがない！」などと、その場で訂正を求めるような感じでもありました。

つまり、こちら側で用意するマニュアルではなく、「談志そのものがマニュアル」だとわきまえなければならなかったのです。

もし、談幸師匠から定型的なマニュアルを受け継いだとしても、きっと効果はなかったはずです。いや、それを百も承知の優秀な弟子だったからこそ、更なる後輩たちにかようなものは残さなかったのでしょう。


得てして、マニュアルは〝杓子定規感《しやくし》〟をもたらすものです。

以前、ファーストフード店で「トイレお借りします」と言ったら「お持ち帰りですか？」とアルバイトの女の子に言われたことがありましたっけ（笑）。

「状況判断のできない奴がバカ」と談志は定義しましたが、「目の前の現場こそが、マニュアルのすべて」と考え直して、一瞬一瞬を大切に愛でていくしかありません。

求めるべきは「正解」ではなく、その場に応じた「最適解」なのですから。

そのためには、成功体験のみならず、失敗をもきちんと積み重ねていくしかなさそうです。

皿屋敷《さらやしき》

休むことをサボってないかい？

町内の若い衆たちが、皿屋敷へお菊の幽霊見物に出かけていく。出かける前に隠居からは「いいかい、お菊さんの皿を数える声を九枚まで聞くと死んでしまう。だから絶対に六、七枚ぐらいで逃げ出すんだぞ」と教えられる。

若い衆たちは、隠居に言われたように、六枚まで聞いたところで皿屋敷から逃げ出す。しかし、お菊の思わぬ美女ぶりにときめき、翌日も懲りずに皿屋敷へ出かけていった。お菊さんはたちまち人気者になり、見物人はどんどん膨れ上がっていく。

ある日、あまりにも見物人が増えすぎて渋滞が発生してしまい、若い衆たちは六枚目で逃げるにも逃げられず、なんと九枚まで数える声を聞いてしまった。

が、しかし、その声を聞いた者は死なない。じっと聞いてみると、お菊は九枚以降も皿を数えつづけて、一八枚まで数えると「これでおしまい」と言って井戸の中に戻ろうとした。

不思議に思った見物人の一人が、お菊に尋ねる。

「皿の数は九枚と決まっているだろう。なぜ一八枚も数えるんだい」

「明日は休むので二日分数えたのさ」

あなたは、働きすぎている

春風亭小朝《こあさ》師匠の名演が光る一席でした。今風にアレンジもできますので、お菊さんが「時の人」になっていくあたり、今で言うならば「人気ユーチューバー」的存在として扱われるのでしょうか。

このネタに限らず、落語はすごいなあと思うのが、本来恐怖感をもたらすはずの怪談チックな展開をも笑いにしてしまう距離感であります。

たとえば『野ざらし』という噺は、かつて一世を風靡《ふうび》した若き談志のリズムとメロディが横溢《おういつ》するネタで「女性の骸骨《がいこつ》に酒をかけてあげて成仏させる」というストーリーですが、もとは怪談のような怖い一席だったそうです。

「死」という忌《い》むべきものに対して、恐怖感ではなく「笑い」をもってくるセンスは、生きている人間賛歌としての落語の真骨頂ではないかと察しています。

さて、この落語のテーマは、「休むことで見えてくる世界もあるよ」ではないでしょうか。

落合博満《おちあいひろみつ》氏は、監督時代にスランプで悩む選手に、まず「眠れているか？」と問いかけたそうです。「よく眠れていません」と答えると「まずは寝ろ、そこからだ」というアドバイスをしたと、ある本で読みました。

『ゲゲゲの鬼太郎』を描いた水木しげるさんは、「寝ないで描きつづけていた同世代の漫画家はみんな早死にだった」とも嘆いていました。水木さんはどんなに仕事が重なっていたとしても睡眠時間を削ることはなかったそうで、だからこそ老齢期に差しかかっても存分に仕事に傾注できたのでしょう。

かくいう私は入門前、サラリーマンになりたての頃、初ボーナスで談志に配属先の福岡の名品、明太子を送ったものでした。その返信には、直筆で「疲れたら寝ることです」と墨痕《ぼっこん》鮮やかに記されていましたっけ。

考えてみたらあれから三〇年以上経過していますが、あの頃から日本人は働きすぎだと言われつづけてきたのに、いまだに「時短」に関する本がヒットするなんて、どこかおかしいですよね。

私もサラリーマン当時、会社で「時短委員会」なる会合に参加し、「時短の目標を達成するには？」と上司に聞かれ「こういう会議をまずやめたらどうですか？」と言い放ち、思いきり顰蹙《ひんしゅく》を買ったものでした（笑）。

疲れたら、明日の自分に任せよう

休むことは悪ではありません。

江戸時代の労働時間は日が昇っている間、つまりは数時間だけでした。その後文明開化の名のもとに、資本主義が浸透し、すべての価値観は生産性一色に塗り替わってしまい、結果として、日本は世界でも珍しい圧倒的睡眠不足の国になってしまったのです。

振り返ってみると、コロナはいまや五類となりましたが、コロナが大流行した数年は、日本のみならず世界が〝強制休憩〟の時間だったとも言えなくはありません。

かくいう私もこの時期、落語の仕事は激減したものの、休んだ結果いろんな本も読めましたし、書く仕事が増え、耳から入る落語だけではなく、読んでも響く落語という新たなアプローチも獲得したような手応えを覚えました（さらに今こうして、たくさんの本を書くに至っています）。

物事は決して、時間を投下すればするほど成果が得られるような正比例の直線を描きません。

この落語で「人々を怖がらせるお菊さんにも、休息が必要なんだよな」と感じたら、まずは談志の言葉「疲れたら寝よう」を実践してみてはいかがでしょうか。

起きたときのすっきり感は、仕事に対するモチベーションをさらに高めるはずです。寝るということは、「課題は明日に任せる」という姿勢にもつながります。

大丈夫、たっぷり睡眠を取った明日のあなたが問題を解決してくれますよ。

茶《ちゃ》の湯《ゆ》

変なプライドを捨て、他人から教わろう

ご隠居は小僧の定吉と二人暮らし。「退屈しのぎに茶の湯をやってみよう」と定吉に提案したが、実はご隠居も茶の湯のことを何も知らない。知ったかぶって「あの青い粉があれば始められる」と言って定吉に買いに行かせたのだが、買ってきたのは抹茶ではなく青きな粉。

しかし、ご隠居は「そう、それだ」と言って、青きな粉で茶を立てるのだが、どうも泡が立たない。「思い出した。泡立つあれが必要だ」とさらに知ったかぶり、再び定吉にムクの皮の粉（植物系の石鹼）を買ってこさせる。茶釜に加えてみると見事に泡立つが、無理して飲んで下痢が続く二人。

そして、ついにはこのインチキ茶の湯を、長屋の面々に実行することになる。被害者が続出するが、茶菓子だけは美味しいと評判が立ち、多くの人が茶菓子目当てに集まることになる。ところが、そのうちに茶菓子を準備するお金が厳しくなり、これまた安物のインチキ茶菓子に切り替えられ、客足も次第に遠のく。

そんな折、ご隠居の知人がやってくる。久しぶりの客人にご隠居は喜び、例のインチキ茶とインチキ茶菓子を出す。知人は口に入れたが、吐き出すほどのまずさ。仕方なく雪隠《せっちん》（トイレ）に逃げ込み、窓から外へ茶菓子を投げ捨てる。それが農民の顔に当たった。農民はつぶやく。

「ああ、また茶の湯か」

〝知ったかぶり〟が一番の恥

三代目三遊亭金馬《きんば》師匠の素晴らしい音源が残っていますので、ぜひお聞きください。

このお師匠さんは、この落語だとご隠居と小僧、名作『藪入り』という噺では父親と息子など、大人と子どもの演じ分け方のメリハリのうまさが肝となっています。

さて、この落語は実は「伝統の形骸化の怖さ」を物語っているのでは、と思いながら聞き込んでいくネタではないかと思います。

この落語におけるしくじりの根幹は、〝ご隠居のプライド〟でしょう。

落語には『転失気《てんしき》』という噺をはじめ、知ったかぶりを笑う展開が多いのは、昔から誰もが知ったかぶって、しくじってきたからこその戒めなのかもしれません。

「わからなきゃ聞け」とは、サラリーマン時代に私もよく言われたセリフでした。あの頃は「わからないところが、どこなのかわからない」ような状態でもあり（笑）、とても難儀したものです。そういうこんがらがった状況をもたらしたものこそ、まさに私のプライドでした。

そうです、「そんなことすら知らないのか」と言われるのが怖かったのです。ほんと、プライドって厄介ですよね。

そんなサラリーマン時代を終えて、この世界に入ったわけですが、談志はそんな私のサラリーマン的メンタリティをぶち壊すように、数多《あまた》の質問を私に畳みかけてきました。「アメリカの大統領選挙について教えてくれ」「スキューバダイビングってなんだ？」「シャンプーの成分の、パラベンってどういう意味があるんだ？」などなど。

「『知らない』ことは恥なんかではない。『知ったかぶり』するほうが恥ずかしい」

これこそが、一代で落語界を塗り替えた人の〝プライド〟だったのでしょう。


つまり、どんなに立場が上でも教えを乞う（いや、わかりやすく教えろと弟子を脅すことかもしれませんが）姿勢をキープしつづけていかないと、落語という伝統芸能は崩れてしまうという危機感を持っていたのでしょう。

知識は、常に更新されてゆくものです。一旦身につけたらおしまいというものではありません。談志は「キリストはパソコン扱えなかっただろ」とまで言い切り、「後進から更新しつづける」というシャレのような落語家人生を送りつづけていました。

好奇心を忘れてはいけない

では、いい意味で、プライドを手放すためにはどうしたらいいのでしょうか？

私は、やはり〝好奇心〟ではないかと思います。

好奇心とは、自分の間違いすら楽しんでしまう感覚とどこかでつながっていて、そのままの自分でいることを拒否する原動力となります。

そういえば談志は「俺は間違っているからな」とまで言い切っていたものでしたっけ。この『茶の湯』のご隠居にも、そんな好奇心があれば、きちんとしたお茶の師匠から学んでいたことでしょう。

もしかしたら日本企業のこの三〇年以上の停滞は、変なプライドに固執してきたからこそなのかもしれませんよね。

「三つ子に教わって浅瀬を渡る」ということわざもあります。これは「ときには未熟な人から教えられる」という意味ですが、談志に諸々教えることになった当時の未熟な私は、その折談志に「ありがとな」と言われてうれしくもなりました。

談志は情報更新、私は褒められる。

つまり、お互いにウィンウィンな関係をもたらしていたのです。

これがことわざとして残っていること自体、人間は教わる生き物だという証なのです。

仕事でわからないことがあったら、聞きましょう。

孝行糖《こうこうとう》

常識に縛られていたら、いいアイデアは出てこない

主人公の与太郎（上方では大工の吉兵衛、東京では与太郎）は、お上から親孝行を表彰され、「青挿《あおざ》し五貫文《ごかんもん》（一文銭五〇〇〇枚の褒美）」をもらう。長屋の住人や大家は、この金を使ってしまっては元も子もないと、褒美を元手にして与太郎に商売をさせようとする。そして、歌舞伎役者の嵐璃寛《あらしりかん》と中村芝翫《しかん》の顔合わせが評判を呼んだときに、『璃寛糖』と『芝翫糖』という飴を売り出して儲かったことにちなんで、飴を売らせることを思いつく。その名を「孝行糖」とし、鉦《かね》や太鼓、衣装などを決め、売り声の口上まで考えて売らせた。

「孝行糖、孝行糖。孝行糖の本来は、うるの小米《こごめ》に寒晒《かんざら》し。カヤに銀杏《ぎんなん》、肉桂《にっき》に

丁字《ちょうじ》。チャンチキチ、スケテンテン。昔々もろこしの、二四孝のその中で、老莱子《ろうらいし》といえる人。親を大事にしようとて、こしらえあげたる孝行糖。食べてみな、おいしいよ、また売れたったらうれしいね。テンテレック、スッテンテン」

与太郎は、雨の日も風の日もコツコツ売りつづけた。すると、「飴を食べさせると子どもが親孝行になる」と評判となり、大繁盛する。

ある日の与太郎は、小石川の水戸様の屋敷を通りかかり、いつもの調子で鉦や太鼓を打ち鳴らして口上とともに売りはじめた。

すると、門番が「御門前によって、鳴り物は相ならん」と注意する。しかし、与太郎は無視して売りつづけるので、門番は与太郎を六尺棒で打ちすえた。

たまたま通りかかった人が見るに見かねて、門番に謝って許してもらう。そして、痛がる与太郎に、

「どことどこを殴られたんだ？」

と問うと、与太郎は泣きながら体を指差して、

「こぉこぉとぉ（こことと）、こぉこぉとぉ……」

固定観念に左右されない人とは？

与太郎は落語の成立期後半に登場したキャラクターです。「バカで与太郎」と言われるほど、落語の登場人物の中で最も愛すべき存在ではありますが、談志はずっと「与太郎はバカではない」と名誉を回復させてかばうような発言をしていました。

彼が登場する噺を与太郎噺と呼びますが、かぼちゃを売ったり、牛を褒めたり、棟梁《とうりょう》と一緒に大家さんに毒づいたりしていますが、基本どの落語も「呼ばれたから行った」ような、巻き込まれ役となっています。

そして、そんな与太郎の受動的姿勢が花開くのが、この『孝行糖』です。

鳴り物や衣装、そして今で言うコスプレ商売でしょうか。彼はここでも誰に逆らうこともなく、不器用にも務めあげて人気者となります。

「こんな格好でこんなもの鳴らして長いセリフまで言わされるなんて、恥ずかしい」というような常識は、彼には微塵《みじん》もありません。ただ虚仮《こけ》の一念で売りつづけ、鳴り物禁止の武家屋敷の前でも商売をしてしまう常識外れから、したたかに棒で叩かれてしまうのですが、そこで泣きながらも笑いを取るかのように見事なオチまで言ってのけます。

ここに、リアクション芸人の嚆矢《こうし》が見えると評価するのは、さすがに褒めすぎでしょうか。

さて、世の中を変えるのは「バカ者、若者、他所者《よそ》」とのことです。

バカ者は常識にとらわれません。若者は過去の風習にとらわれません。そして他所者はその土地の因習にとらわれません。

つまり、時代の〝固定観念〟を捨て去ることができるのは、このしがらみのない三者、というより、そんな属性を有する者なのでしょう。

談志は高校を中退した若さで落語界に身を投じ、出身地も大田区鵜の木という落語の本寸法の土地から離れたところで生育し、今述べたような与太郎にシンパシーを感じる、いい意味での「バカ」を貫いてカリスマとなりました。まさに「バカ者、若者、他所者」の象徴のようでもありました。

周囲を信じてバカになってみよう

この落語を聞くだけではなく、もっと込み入った、たとえば会社などでアイデアを出さなきゃいけない場面に接したときに、「与太郎だったらどんな発想をしてくるだろうか」と思いを馳せてみてはいかがでしょうか。こんなミクロな積み重ねが、そのコミュニティの硬直化を防ぐことになるのかもしれません。

そしてこの噺は、「バカ者、若者、他所者」は、どんなときもアウトサイダーでいるべきだというメッセージでもあります。

常識や偏見は岩盤のように強固です。人間はルーティンをこなすほうが楽ですから、敷かれたレールの上から逸脱するのを嫌います。これは仕方がないことかもしれませんが、前例がないことを失敗前提で捉え直してみることも大切ではないでしょうか。

そして何より、誰かがバカげた言動をしたとしても、この孝行糖という飴を売らせた長屋の衆のように、「与太郎のバカさをも受け入れる優しいまなざし」を持ち合わせたいなあと、しみじみ感じています。

あくび指南《しなん》

肩の力を抜いて、当たり前のことを当たり前に

八五郎は、熊五郎に誘われる。どうやら、あくびの教習所ができて、今からその稽古に行くらしい。八五郎は、くだらなさに熊五郎の付き添いで見学することにした。先生宅へ行き、夏のあくびを習う。

「お〜い……船頭さん……船を上手へやっておくれ……堀へ上がって、一杯ヤッて……夜は中へでも行って遊ぼうか……船もいいが、こう長く乗っていると、退屈で……退屈で……（フワァ〜〜）ならねぇや……」

と、ここであくびをするという、いかにもくだらないものだったが、熊五郎は何度やってもうまくいかない。

あきれ果てた八五郎は、

「さっきから見てりゃくだらねえなあ、何が退屈だよ、見ているこっちの身になってみやがれ、こっちのほうが退屈で……あ〜ぁ、退屈でならねえ」

とあくびをすると、先生が、

「ああ、お連れのほうがご器用だ」

「できない奴ほど、難しくやろうとするもんだ」

談志はこの落語こそ、落語の真骨頂とまで言い切っていました。

「あくびという生理現象を教える究極のくだらなさなあ。石原慎太郎に瞬《まばた》きを習いにいくようなもんか。江戸の爛熟《らんじゅく》の極みがそこにある」とまで言っていました。

江戸の泰平さは平和と同時に、いや平和であるからこそ、素《す》っ頓狂《とんきょう》な世界観を提示してくれたのでしょう。

この落語に関して思うのは、落語家のほかに役者もやっている私の立場から見つめてみた視線です。ベテランの役者さんの演技を見て思うのは、うまい人はどなたも

〝超自然体〟ということです。

いやはや、当たり前のことを当たり前にやるのは案外難しいものです。演技に慣れていないと「演じよう、演じよう」として、かえって難しくやってしまいます。

これは慣れでしかないのかもしれませんが、やはり自然体の演技をするうまい人をたくさん見つづけるしかありません。出演させていただいた映画『碁盤斬り』では、主演の草彅剛《くさなぎつよし》さんの自然体演技に酔いしれたものでした。

そして、自然という意味で言うと、私が前座修業に九年半もかかってしまった理由がまさにそれでした。

私の場合は、唄《うた》でつまずいたのです。

談志は「落語家が落語の中で歌う鼻歌でいいんだ」という、自然体な風情を落語家の唄に求めていましたが、私は小唄の教習所にまで通って、教えてくれた先生の劣化コピーのように歌ってしまっていたのです。

「こっちへこいというのに、お前は向こうに行っちまう」という表現で、いつも談志は私の唄を否定していました。ダメでできない人ほど、あえて声を絞って不自然な発声で、その小唄のお師匠さんに近づける歌い方を続けていたのです。

これは決して、その小唄の先生の指導のせいではなく、談志の基準に沿えなかった私の未熟さが原因でした。「できない奴ほど、難しくやろうとするもんだ」とは、苦笑いを浮かべられながら吐かれたセリフでした。

教育は、そもそも不完全である

あくびという生理現象でも、いざ肩ひじを張って習おうとすると、不器用な人ほどうまくできないものです。この落語のさらに面白いところは、全然習おうとはしていない、むしろ習っている熊五郎と教えている先生を俯瞰的な立場でバカにしている八五郎のほうが、あくびはうまかったという痛烈な皮肉でしょうか。

これは、実は案外奥が深いのではと察しています。

「タレントオーディションに行ってみたら、応募した本人より、一緒に付き添ってきた子が採用された」なんていう話は結構聞くものです。第三者的立場にいる人のほうが、肩の力がいい具合に抜けて、事がうまく運ぶのかもしれません。

そして、もっと深く考えてみると、「人にものを教えるということは、そもそもオカシイのでは？」という教育の不完全さを、この落語は訴えているのではと想像しています。

談志は「俺がここまで来られたのは、教えてくれた奴のダメさ加減に気づいたからだ」とよく言っていましたが、私はこれこそが教育の本質だと信じています。

この言葉は、教える側のアップデートと教わる側の感受性の両方を刺激する言葉だと思います。教える側、教わる側の両者に緊張感をもたらすべき名言で「かような双方にテンションを要求する状態でないと、ともに進歩はないのだ」という談志の哲学が明確になっているようにも思えてくるのです。

それにしても、こんな短くて寄席でも軽く演じられる落語ですが、だからこそ、すべてに通底するような真理が横溢しているのかもしれません。

あくびを教える程度のことを、偉そうに教えようとしているのではないか。

あくびを教わる程度のことを、堅苦しく習おうとしていないか。

企業やコミュニティの中で、振り返ってみる必要がありそうな気がします。

蒟蒻問答《こんにゃくもんどう》

「沈黙」という武器をもっと活用しよう

江戸にいたときはヤクザ者だった六兵衛という男が、今は上州《じょうしゅう》安中《あんなか》（群馬県の西部）で蒟蒻屋をやっていた。そこに、江戸にいたときに面倒を見ていた八五郎という男が、今も世話になっている。ひょんなことから八五郎は、住職のいない寺の和尚《おしょう》に収まるのだが、下働きの権助とともに、のんべんだらりの毎日だった。

ある日、越前永平寺の沙弥《しゃみ》托善《たくぜん》と名乗る旅僧が訪ねてきて、この寺の大和尚と問答をしたいと願い出た。問答に負けると寺から追い出されてしまうため、八五郎は「住職は不在」とウソをついて追い返すが、旅僧はまた明日やってくると言い残す。どうしようかと頭を抱えているところに、六兵衛がやってきた。六兵衛は「じゃあ、

俺が和尚になってそいつと張り合う」と言い切り、翌朝を迎える。

訪ねてきた旅僧は、さっそく和尚になりすました六兵衛に向かって問答を仕掛ける。しかし、旅僧が問いかけても六兵衛は何も答えない。すると旅僧が、「すごい。これは禅家荒行の無言の行である」と勝手に解釈し、手ぶりを始めた。

旅僧が胸の前に両手で小さな輪を作ると、六兵衛は腕で大きな輪を作る。すると、旅僧は平伏した。続いて旅僧が一〇本の指を示すと、六兵衛は片手で五本の指を示し、再び僧侶は平伏した。最後に旅僧が指を三本立てる様子を見せると、六兵衛は目の下に指をさした。そこで旅僧は、恐れ入ったと逃げ出すように本堂を出る。

八五郎が旅僧を止め、理由を尋ねると、旅僧曰く、

「途中から無言の行と気づき、こちらも無言でお尋ねした。『和尚の胸中は』と問えば『大海のごとし』。では、『十方世界は』と問えば『五戒で保つ』と。最後に『三尊の弥陀《みだ》は』と問うたところ、『眼の下にあり』でした。修行して出直します」

と言って、寺を立ち去った。

八五郎が本堂に戻ると、なぜか六兵衛は激怒していた。理由を聞けば、「あの坊主はふざけた奴だ、俺が蒟蒻屋だと気づいて手真似でうちの蒟蒻にケチをつけやがった。『お前んところの蒟蒻は小さいだろう』と言いやがったから『こんなに大きいぞ』と返してやった。『一〇丁でいくらだ』と値段を聞くから『五〇〇文』と答えたら、『三〇〇文に負けろ』とぬかしやがったんで『あかんべぇ』をした」

「コミュニケーション」＝「言葉」ではない

仕方噺の代表格で、私も一門の龍志《りゅうし》師匠から稽古をつけていただきました。談志は「この落語は変えようがない」と言って匙《さじ》を投げていました。それほどまでに完成されすぎている落語でもあります。逆に談志は、改良の余地のある不完全な『金玉医者』（38ページ）のような落語を好んでいました。

さらに談志は、この落語を「仏教批判」とまで言い切っていました。たしかに揶揄《やゆ》した場面はありますが、この落語、案外お寺さんからの口演依頼が多いのです。日本仏教のおおらかさでしょうか。この辺り、落語通の先達でもある宗教学者の釈徹宗《しゃくてっしゅう》先生と対談などしてみたいものです。

さて、この落語はずばり「会話の中のディスコミュニケーション（意思伝達の不備）に意識を向けるべきもの」と捉え直してみたらいかがでしょうか。

仕事での会議やプレゼンテーションなどでは、どうしても我々は「すべて言葉で説明できる」などと思い上がりがちです。

しかし、そうではなく、「言葉よりも実は何も発しないでいる〝間〟のほうが大切では」との姿勢を、この落語から感じ取ってみるべきでしょう。

まさに、落語は〝間〟の芸です。二人以上の人物が出てきてストーリーが進むのですが、しゃべっている人間ではなく、聞いている人間に比重を置いてみたほうが、話はなじみやすくなるものです。大家さんが「与太郎や」としゃべったら、観客には与太郎の立場で聞いてもらうのです。

具体的な例に、志の輔師匠の唖然とするリアクションがあります。ディスコミュニケーションを俯瞰する場面で、たっぷり間を取っています。やりとりがうまくいかないことに対して、絶妙な間になっていますので、ぜひお確かめください。

会話がまとまらないときの句読点に

実際の日常の会話でも〝間〟は武器になります。その昔、クラスのみんなが騒いでいるときに先生が無言で立っていると静かになったものでしたっけ。

あと、最近では頻度が減りましたが、愛想の悪いタクシー運転手に接したときなどでも、私はいつも黙っていたものでした。

向こうの態度に合わせて怒ってしまっては仕方ありませんし、同じレベルになってしまいます。しかし、ずっと黙っていると、向こうが「怒らせてしまったのか」と勝手に斟酌《しんしゃく》してくれるものです。目的地に着いて態度の悪さを謝られたら「風邪で声が出なかったんです、ごめんなさい」などと言えば丸く収まりもします。

永六輔《えいろくすけ》さんは「間は魔だ」とも言いました。

会話が紛糾したら、目を閉じて一〇秒待ちましょう。そしてその間、そこまでの会話を反芻《はんすう》してみましょう。それはきっと大切な〝句読点〟になるはずです。

第3章

「恋愛」で迷ったら

悋気《りんき》の独楽《こま》

嫉妬しすぎて、自分らしさを見失うなよ

浮気をしている旦那に対して、女将さんは大変なやきもち焼き。小僧の定吉に旦那を尾行させせたが、途中で旦那に見つかってしまう。旦那はやむを得ず定吉を妾（愛人）に会わせ、妾は定吉に小遣いを渡して買収する。さらに、三つの独楽を渡し、「これは辻占《つじうら》の独楽と言って、旦那の独楽を回し、私の独楽と奥様の独楽を回すと、どちらかにぶつかる。ぶつかったほうに旦那はお泊まりになる」と伝える。

定吉は帰宅し、「旦那の足が速くて見失ってしまった」などとウソをつくのだが、すぐに女将さんにバレてしまう。

「ところで、旦那はお泊まりになるのかい、それともお帰りになるのかい」

と女将さんから尋ねられた定吉は、独楽のことを思い出し、

「それでしたら、いい物があるんです。この独楽、辻占の独楽と言って、昔、花柳《かりゆう》界で流行ったんです。この黒い独楽は旦那の独楽、赤いのがお妾さん、地味な色の独楽が女将さんの。三つ回して旦那の独楽がお妾さんの独楽に当たるとお泊まりで、女将さんの独楽に当たるとお帰りになるんです」

と答えた。女将さんは、「わかった、回してごらん」。

定吉が独楽を回してみると、女将さんの独楽が寄っていくたびに旦那の独楽は逃げて、やがて妾の独楽に当たる。

「まあ悔しい！　定吉、もういっぺん回してごらん！」

しかし何度やっても、女将さんの独楽が旦那の独楽を追う、旦那の独楽が逃げて妾の独楽に当たるパターンのみ。これに怒った女将さん。

「定吉！　いっぺん独楽を調べてごらん」

「あ、女将さん、こりゃあきまへんわ」

「どうしたの？」

「肝心の心棒（辛抱）が狂っています」

嫉妬は他者基準で生きている証

落語には、嫉妬を取り扱ったネタが数多く存在します。

ちなみに師匠談志は、嫉妬をこう定義しました。

「己が努力、行動を起こさずに、対象となる人間をあげつらって自分のレベルまで引き下げる行為、これを嫉妬と呼ぶ」と。人間の淀んだ情念をさらっとドライに定義してしまうあたり、さすが談志であります。

とはいえ、かくいう談志も、同世代の古《こ》今《こん》亭《てい》志《し》ん朝《ちょう》師匠には激しい嫉妬の炎を燃やしつづけていました。志ん朝師匠が先に真打ちへの昇進が決まったときに「断れよ！」とまで言ったとのことですが、それに対して志ん朝師匠は「兄さん、俺は実力で昇進したんだ」と言い切ったというのですから、お互い素晴らしいものです。嫉妬まみれの談志はその後、志ん朝師匠が絶対向かわない方角へと舵《かじ》を切り、立川流設立など、結果として落語界を活性化するに至りました。

「嫉妬で自分を見失うなよ」という見本のような芸人人生だったのです。嫉妬を前向きのエネルギーに変換したのでしょう。

さて、我々一般人でも陥りがちなのが恋愛における嫉妬であります。たしかに恋愛に嫉妬はつきものです。やきもちとは、恋の炎のガソリンみたいな感じでしょうか。でも、ここで冷静に談志の嫉妬の定義に沿いながら鑑みてみると、つまり恋愛における嫉妬とは「基準が相手にある状態」そのものではないでしょうか。

嫉妬状態のときは得てして、他人の言動が自分の基準となっており、だからこそ自分が見えなくなっている状態だとも言えましょう。

そんな基準が他者にある状態は、とても不安定です。

恋愛をして嫉妬が生まれたときは、「そもそも自分らしさとは」と、まずは冷静になって考えてみましょう。

たとえば恋敵が、あなたの好きな女性に花を一〇本贈ったとします。そこであなたが花を一一本贈ったとしたら、恋敵と同じ土俵に立つことになりますね。これでは後追いに過ぎず、相手からの印象も薄くなります。

まさに、他人に基準を置いている嫉妬状態では「自分らしさ」が失われ、結果として自分の分が悪くなるだけです。

だとしたら、花ではなく、あなたらしい別の形でインパクトを与えるなどしてみたらいかがでしょうか。

落語会のチケットなんかいいかもですね（笑）。

冷静に、自分らしさを振り返る契機に

かような、嫉妬をしていることをできるだけ相手に悟らせないような振る舞いの中でこそ、品や「自分らしさ」が磨かれていくのではと思います。

かくいう私も、同世代の落語家が露出しているのを見るとやはり悔しくもなりますが、それでも「俺には今、目の前の本を書く仕事がある」とわきまえ、嫉妬のような感情が浮かぶたびに原稿を積み上げてここまでやってきています。

嫉妬にかられてＳＮＳでグチるなど、愚の骨頂です。

嫉妬を感じたら、まず冷静になりましょうや。そしてそのエネルギーを感じた自分自身をディスることなく、「そもそもの自分らしさとは」「自分にできる最善は何か」を改めて前向きに考え直すことができれば、きっと一段上のステージにのぼることができるのだと思います。

ジェラシーすらも前向きに受け止めてみましょう。そんな「自分らしさ」あふれるあなたなら、誰も放っておくはずがありません。

嫉妬を感じたら、まずは「sit-down」。座って落ち着いて考える。

ダジャレも人生を救ってくれますよ（笑）。

紙《かみ》入《い》れ

「失敗したくない」なんて思わなくていい

ある商家の手代《てだい》（次に番頭に上がるというランク。セールスマンのような立場）の新吉が、お得意先の女将さんと男女の仲になってしまい、「今晩は旦那がいないからまた来て」という手紙をもらってしまう。その旦那にたいそう面倒を見てもらっている新吉は躊躇《ちゅうちょ》するのだが、「もし今晩来てくれなかったら、考えがあります」という女将さんの思わせぶりの末尾の文章に怖くなり、しぶしぶ出かけていく。

そこで新吉は「今までのことは、なかったことにしてください。今日はこれで帰ります」と訴えるのだが、女将さんは「もし今晩帰るんだったら、旦那に全部話すから」と脅す。仕方なしに、飲めない酒を飲んで布団に入る新吉。その後を追うよう

に、戸締まりを確かめた女将さんが布団に入りかけたとき、なんと、帰る予定のなかった旦那が帰宅した。新吉は、慌てて着替えて裏口から出て家に戻る。

帰宅後、旦那にバレていないだろうかと反省する新吉だったが、〝女将さんからの手紙の入った紙入れ〟を旦那の家に置き忘れてきたことに気づく。「もし見つかったら」と不安で眠れない新吉は、翌朝、旦那の家へ出かけていく。

何も知らない旦那に向かって「よその家の女将さんとデキてしまった」という感じで語る新吉。

「じゃあ、その向こうの旦那に気づかれないで帰ったのか」

「はい。でも、その家に女将さんからの手紙が入ったまんまの紙入れを置き忘れて帰ってきてしまったんです」

などと話していると、女将さんが奥から現れて、

「そんな目端の利く女将なら、きっととっくに紙入れなんか見つけて、旦那にわからないように、新さんに返す手はずになっているから大丈夫よ。ねえ、あなた」

と言うと、旦那は、

「その通りだ。女房取られちまうような野郎だ、そこまでは気がつかねえよ」

恋愛にも不寛容な時代で

実に古典落語らしい、おおらかな設定の艶話《つやばなし》であります。

「世の中で知らぬは亭主ばかりなり」という江戸川柳そのものの世界観ですが、実際こんな話が江戸には結構あったそうです。「不義はご法度《はっと》、お家断絶」などと、たしかに言われてはいましたが、実際こういう問題が露呈したときは、公《おおやけ》にするとかえって恥ずかしくもなるので、うまい具合に穏便に済ませていたそうです。

翻って、令和の現代。

今まさに我々を襲うのが、〝不寛容さ〟であります。

各種コンプライアンスの名のもと、SNSが発達したせいもありましょうが、芸能人の不倫に対して、名もない一般人が罵詈《ばり》雑言《ぞうごん》を投げつけています。別に「自分の奥さんとその芸能人が不倫した」というわけでもないのに、です。

無論、不倫を肯定するわけでも推奨するわけでもありません。しかし、失敗した人を大衆が自由に糾弾する社会が招く末路は、〝窮屈感〟しかないでしょう。相手を追い込むコミュニティは、それすなわち、自分をも追い込んでしまうコミュニティのはずですもの。

談志は「落語は人間の業の肯定」と歴史的な定義をしました。「眠くなれば寝ちまう。やるなと言ってもやらかすのが人間だ。それを落語は受け入れている」と。だからこそ落語を聞くと、他人の失敗に対して許容したくなるような心持ちになれるのでしょう。

人間のダメさ加減を、不倫が教えてくれる

ことは不倫に限りません。恋愛で失敗した人、酒で失敗した人、博打で失敗した人など、ワイドショーや週刊誌で叩かれているような人たちこそ、落語に登場してくるようなドジ人間なのです。

落語を聞くときと同じような気持ちで受け入れてあげたら、もっと世の中には優しい空気がみなぎってくるものと、私は信じています。

私は、某有名女優さんとの不倫が発覚した料理人さんのXをフォローしていますが、素人でもおいしく作れるレシピを無料で公開している姿勢に好感を持ち、リプライを送るとこまやかに返信までいただいたのでますます応援したくなりました。その一方で、その人に心ない言葉を投げつけるような人を見るにつけ、がっかりしています。

恋愛なんざ、失敗して当然です。かくいうあなたも、失敗してきたでしょう?

「罪人に石を投げつけていいのは、罪を犯したことのない人間だ」というキリストの言葉があります(誰もいなくなったとき、罪人に石を投げつけていたのはキリストだったというブラックジョークもありますが)。

芸能人の不倫に関して正義感をぶつけたくなったら、「自分らの潜在的な愚かさを先走って露呈してくれたのだ」と勘案して、「バカだねえ」と、あの『男はつらいよ』でおいちゃんが寅《とら》さんにつぶやくような言葉で、まずは笑ってみましょう。

「不倫が人間をダメにするのではない。人間はもともとダメなものだということを、不倫は教えてくれるのだ」と受け止めてみましょう。

相手に優しくすることは、きっとあなたに返ってくるものですよ。

厩火事《うまやかじ》

恋人を試すような真似はするなよ

髪結いのお崎は亭主より六つ上の姉さん女房。ヒモ状態の働かない亭主が、自分を本当に愛してくれているか不安で仕方ない。

仲人《なこうど》の兄貴分のところに相談に行くと、「自分が不在のときに、弟子たちが火事を起こして大切な馬を死なせてしまっても、弟子たちの命を気遣った孔子の話」と「妻が大切な焼き物を抱えて転んだときに、妻の身体ではなく焼き物の心配をしてしまった麹町《こうじまち》の殿様の話」とを引き合いに出す。

そして兄貴分は、「そんなに亭主の了見が心配ならば、お前の亭主の大事にしているものを転んだふりをして割ってしまえ。そのとき孔子になるか、麹町の殿様にな

るか判明する」とアドバイスをする。

お崎は帰宅後、さっそく試そうと、亭主の大切な瀬戸物を転びながら割る。すると、亭主はまず「大丈夫か」とお崎を気遣った。お崎はうれしくなって、

「お前さん、そんなに私の身体が大事かい？」

「あたりめえだ、おめえにケガでもされてみろ、明日から遊んで酒が飲めなくなる」

対等な関係であれば、試すことはない

いやあ、本当によくできた夫婦ものの一席です。志ん朝師匠の名演が光りますので、ぜひYouTubeなどでも確かめてみてください。

さてこの落語は、恋人を含めた他人様の「了見」（江戸っ子流価値観）を試そうとするとロクなことはないよ、ということを物語っているのではないでしょうか。

何気ないときに本音は出るものですが、だからと言って、あえて試すという行為には正直首をかしげます。

誰だって、試されているときの心持ちはいいものではありません。つまり、この落

語は「自分がされたくないことは、他人にもやらないほうがいいよ」ということを言っているのでは、とも深読みできますよねえ。

談志門下でなかなか芽が出ず、前座修業突破に長い時間がかかりましたが、いつも談志は「結果、つまり行動で見せろ」と言いつづけていたものです。

その最たる言葉が「努力はバカに与えた夢だ」でしょう。

「二つ目になりたいなら、努力していますなどという言葉ではなく、行動で示せ」と、そのための基準として歌舞音曲を指定していました。

「俺の弟子であるならば、価値観を俺と共有するのが前提だ。だったら俺の基準を突破するのが、本当の弟子だろう。逆にその基準を突破しようとしないのならば、それは前座でいるその環境が快適なものだと俺は判断する。快適な空間ならばずっとそこにいるがいい」という感じで、忠誠を試すような言葉を求めず、ロジカルな行動を追求してくるものですから非常に大変でありました。

試すという姿勢は、上から目線そのものです。

他人の大切な時間と空間とを、自分の基準に沿っているかどうかを相手に気づかれないように確認する偉そうな行為の最たるものです。実は試していたことが露呈したら、相手には怒りしか生まれません。

愛するとは、相手を信じること

相手の思いが本物であるかどうかは、男性と女性の間にある永遠の課題そのものです。不安になるのは当然ですが、そんな気持ちが芽生えたら、逆に自らを「相手を信じていないのかもな、だからそんな気持ちに陥るのだ」と顧みるべきではないでしょうか。

自分の不安な気持ちを相手のせいにしていて、自分が幸せになれるわけなどありませんよ。やはり、ここでも大切なのは「まず自分」という座標軸なのです。

で、ここまで書いてきて思ったのですが、この『厩火事』のラストの亭主のセリフは、実は照れ隠しではないかと思えてきます。

あからさまに「お前の身体のほうが大切さ」などと言えば安っぽいドラマになってしまいますが、ここで、ヒモみたいな亭主が「本当はお前の身体が大事さ」と言う代わりに、強がって「明日から飲めねえだろ」と言っていたとしたら、またこの落語の奥行きが一気に増すような感じがしませんでしょうか。

亡くなった私の父親も、本当に無口な人でした。

「はっきり言えよ」と私は反抗期に怒ったりしたものでしたが、そんな父親が亡くなったとき、母親が戸籍を整理していたところ、父親は幼い時分に親戚の家を転々とさせられていたことが判明しました。

「お父ちゃん、はっきり言えないような環境でずっと生きてきたんだよ」というお袋の言葉に、一気に涙があふれました。親父は一切言い訳せずに、私と弟を黙って育てて大学まで出してくれました。

繰り返し言います。「愛は言葉ではなく、やはり行動」なのです。

この歳になると無口な人が好きになるものです。ま、落語家が無口では商売になりませんがねえ（笑）。

お見立《みた》て

あんまり相手に本音を求めすぎるなよ

杢兵衛《もくべえ》という田舎者丸出しの客に惚れられた花魁の喜瀬川《きせがわ》だったが、実は彼が虫唾《むしず》が走るほど大嫌い。しかし、杢兵衛は大金持ちだったため、彼女は目先のカネほしさに結婚の約束まで交わしてしまう。

今日も杢兵衛は喜瀬川のもとに通うのだが、どうしても会いたくない彼女は、店の妓夫《ぎふ》(客引き)・喜助に「入院しているとウソをつけ」と伝える。喜助は言われた通りに伝えるが、杢兵衛は「それなら見舞いをしたい」と食い下がる。困った喜助が喜瀬川に相談すると、「それなら亡くなったことにしなさい」と言われたのでその通りに伝えると、今度はなんと「墓参りがしたい」と言い出した。

彼女は嫌気がさし、「適当なお寺に連れていって、適当な墓を見繕って墓参りさせれば満足するから行ってこい」と告げる。

喜助は杢兵衛を案内して、谷中の適当な寺に連れていく。墓石に彫られた墓碑銘《ぼひめい》をごまかすため、大量の仏花と線香とを購入し、やりすごそうとするのだったが、あまりにも適当すぎて、喜瀬川の墓ではないことに気づかれてしまう。しまいには「陸軍歩兵上等兵の墓」に案内してしまうありさま。あきれ返った杢兵衛が怒る。

「一体、本物の墓はどれだ」

「ずらり並んでいます。よろしいのをお見立てください」

恋愛にウソとお世辞はつきもの

ウソの上塗りが破綻を招くという戒めが、ばかばかしく活写されている爆笑落語の一つであります。

この落語の真髄は、いくぶん斜に構える形になりますが、「恋心を抱いているような人からの甘い言葉は、とかくウソで盛られがち。だからこそ、客観的に見つめ直しなさいよ」というご先祖さまからの忠告として把握すべきではないでしょうか。

目のご不自由な方もいらっしゃるので、昨今は声高に言いにくくなりましたが、やはり〝恋は盲目〟なのでしょう。

まさにこの落語は、銀座の高級クラブに勤務するお姉さん、男性アイドルや女優さんなど、華々しいお立場の方は、ある意味ウソをつくのが仕事なのだとわきまえなさい、と言っているような気がしてなりません。

つまり、この落語は「ストーカー防止落語」とも言えるものだと確信しています。

ストーカーになる人は、とかくピュアな人が多いもので、何気なく振る舞う華々しい方々の言動に翻弄されてしまい、自分を見失うことから得てしてストーカーになってしまうものでしょう。

いつぞや風俗嬢の「言い換え表一覧」がネットで出回っていたことがありました。

「毛深いことに悩んでいるお客には『男らしい』と言い換えましょう」

「口下手なお客には『誠実な人ですね』と言い換えましょう」

「落ち着きのない感じの人には『切り替え上手』と言い換えましょう」

などと書かれていまして、これをやられたら、男が狂うのも仕方ないなと舌を巻いたものでした。ここまで狡猾《こうかつ》なウソになると、もはや彼女たちはコミュニケーションの達人の領域に達している印象すらしたものです。

いや、これはウソというより、いわゆるお世辞でしょうか。

聞こえのいい言葉には裏がある

談志はよく「うちの子賢いって言われて喜んでいるバカ親がいるけど、なぜお世辞だと気がつかねえのかな」とマクラで言っていましたが、世間はかような世辞という潤滑油がないと、ガサガサした環境になりがちなものです。

つまり、世辞といういくぶんの誇張や小さなウソが込められているのが世間一般なのですから、あなたは上手にそれらを差っ引いて、精製しながら受け止めるべきなのです。

そういう作法を、古来、人は〝知性〟と呼んでいたのでしょう。

たとえば、相手から一方的に褒められたとしたら、信頼のおける第三者にその判断をゆだねて、その方の見方を信じてみましょう。

かくいう私も、かつて共同出版（実質、自費出版）の餌食になる寸前でした。十数年前「ネットの文章から文才があるとお見受けしました！　ぜひうちで小説を出しませんか？　費用は半額出します」と、ある大手出版社の初めて出会った人から声をかけられ、舞い上がったことがありました。カミさんに伝えると「初めて会った人に褒められて、喜んでいるなんてあり得ない！　名前も知られていないあなたの小説なんか、誰が読むのよ！」と言われ、泣く泣く立ち消えにしてしまった一件がありました。

いやあ、もしそこから本を出していたら、私はどうなっていたのでしょうか。少なくとも今回のこの本をはじめとする、きちんとした商業出版などへとは続いてはいなかったはずです。

ズバリ言います。耳あたりのいい言葉は大半がウソです。

やはり信頼のおける第三者の言葉に耳を傾けましょう。そして、信頼のおける第三者の言葉は真実です。

だからこそ耳が痛いものです（笑）。覚悟しましょう。

明烏《あけがらす》

たくさん恋愛して、「ほどのよさ」を身につけよう

大きな商家の若旦那・時次郎は超絶堅物。本しか読んでいない。

そんなに堅くて、これから商人として世間付き合いできるのか、と心配する父親の大旦那。そこで、町内の札つきの遊び人・源兵衛と太助に、「息子を遊郭に連れていってほぐしてやってくれ。カネは出す」と依頼する。

二人は「お稲荷さんに参拝する」とウソをついて時次郎を連れ出すのだが、場の雰囲気から遊郭だと察した時次郎は、必死に逃げようとする。困った二人は、

「三人で入ったのに、一人で帰ると怪しまれて大門で止められる」

と、入ったときと同じ人数で帰らなければいけないとウソで脅す。ぎゃあぎゃあ言

いながらも、時次郎はあきらめ、花魁と一夜を過ごすことになる。

翌朝、すっかり花魁に振られた二人に対して時次郎はモテており、花魁と同じ布団でしっぽり仲良くくつろいでいる。「昨晩はあんなに嫌がっていたのに」と頭にきた二人が「帰ろう」と諭すが、時次郎は聞かない。

「もういい！　あたしたちは先に帰りますから」

「二人で帰ったら、大門で止められますよ」

過ぎたるは及ばざるがごとし

青春物語の代表的な落語でもあります。

若旦那の成長譚《たん》でもあり、若旦那が主役ではありましょうが、この一席は父親である大旦那のおおらかさにこそスポットを当ててみたいものです。『親子酒』の項でも申し上げましたが、親子はどうしても似てしまうもの。おそらくこの大旦那に対しても、その父親は「堅物すぎて心配だ」と頭を痛めていたものと推察します。

商いは杓子定規からはみ出す、「人間の闇」みたいなものを感受できないとうまくいかないものです。いや、商いに限らず、人間の社会は理屈では絶対に処理できません。会社というコミュニティは、その縮図そのものです。

そしてかつての江戸では、堅物の息子を心配する父親が、人間を柔らかく導く道場としての値打ちを、当時の吉原に見出していたのでしょう。

恋愛というのも商い同様、一筋縄ではいかないものです。

大旦那は、恋愛というサンプルを通じての〝経験〟を、町内の札つきの手を借りながらも若旦那に積ませました。その〝経験〟を通して、「堅物すぎる」「まじめすぎる」という「すぎる」状態からの脱却を図ったのでしょう。なんとも粋な取り計らいをする父親です。

もちろん、この倫理観は今の世の中では承諾できない部分はありましょう（それこそ、現代社会はまじめすぎますね）。堅物息子を風俗店に連れていこうなどと短絡的なルートを取れとは言いませんし、それはナンセンスです。

そうではなく、この落語から汲んでいただきたいのは、「過ぎたるは及ばざるがごとし」という価値観です。

相手に依存しすぎたり、がっつきすぎたり、逆に慎重になりすぎたりと、凝り固まっている考えに対して、「世の中それだけではないよ」という揺らぎを上手に与えてこそ、知性としての落語が活きるのではないでしょうか。

凝り固まった価値観を壊してみる

落語は、二元論の否定そのものです。

にもかかわらず、現代は「善と悪」「正と誤」「まじめと不まじめ」などと二元論化そのものの風潮であります。まじめすぎても世の中堅苦しくなりますし、不まじめすぎたら今度は世の中は成り立ちません。

落語は、まじめでも不まじめでもない、「非マジメ」な着地点を見出してくれるから誰もが救われるのではないでしょうか。

「すぎる」感覚を、落語は上手に拒否しています。

恋愛において、大概の紛糾するもめ事は二元論思考になっているもので、自分以外は間違いだという「すぎる」感覚が根源ではないかと思います。

かくいう私自身も正直、コロナ禍以前までは「仕事のない人は努力不足だ」のような「すぎる」考えに拘泥《こうでい》していた時期がありました。

以前までの私は「努力さえすれば」という論点しかありませんでしたが、この四年ですっかり考え方も変わり、「たまたまあの頃は努力で食べていけるぐらいの世の中だったのかもなあ」と顧みています。コロナ禍での誰のせいでもない仕事激減という〝経験〟が、凝り固まった私の価値観を打破してくれたのかもしれません。

先日、社会人になったばかりの長男から、「パパ、近頃優しくなったね」と言われたところでした。いい意味で丸くなったとは、近くにいた家族からのうれしい評価でもありました。『明烏』の逆ですよね。父親が息子を思いやるのではなく、我が家は息子が父親を思いやってくれていました。

「いくら自分の価値観を信じていようとも、過度になっていないか」というチェックは、何事においても肝心ではないでしょうか。

そういう物腰が、恋愛を含めた諸事情を緩和させてくれる礎になっているものと、私は確信しています。

紺屋高尾《こうやたかお》

駆け引きなんか考えず、一途なバカになろう

紺屋の職人・久蔵《きゅうぞう》は、兄弟子たちに無理やり連れていかれた吉原の花魁道中で見た高尾太夫《たかおだゆう》に一目惚れして、恋煩いに陥ってしまう。
紺屋の親方があきれ果てて「一五両こしらえれば会わせてやる」と発破をかけると、久蔵は本気を出して、なんと三年でその大金をこしらえてしまう。そして、吉原慣れしている医者の藪井竹庵《やぶいちくあん》先生のサポートのもと、「職人だと会ってもらえないから、金持ちの息子とウソをつけ」と教わり、その通りに振る舞い、なんとか念願の高尾太夫に会うことが叶う。
しかし、藪井先生に「紺屋の職人とバレてしまうから、紺色に染まっている手のひ

らだけは見せないように」と言われていたにもかかわらず、「今度いつ会えます?」という高尾太夫の言葉に涙が止まらなくなり、久蔵は手のひらを見せて自分の正体を明かしてしまう。この久蔵の純粋さに惹かれた高尾太夫は「来年三月一五日、あなたのもとに向かいます」と夫婦の契りを交わす。

帰宅後、浮かれる久蔵に向かって親方や兄弟子は「ウソに決まってる」と諭すが、一向に気にも留めない久蔵。

やがて年が明け、三月一五日。高尾太夫は本当に久蔵のもとへ訪れ、晴れて夫婦となり、親方から継いだ店は二人のおかげで大繁盛した。

純粋でいることは、簡単そうで難しい

この落語を談春兄さんは、ズバリ「女性を口説くネタ」と言い切りましたが、私も振り返れば、前座のときのこの落語のライブ録音テープを、当時付き合っていた今のカミさんに送ったことがきっかけで距離が縮まりました(この話をカミさんにすると、否定するかもしれませんが)。

相手の心に響くのはピュアな一心だけだというのは、きっと今も昔も変わらない真実なのかもしれません。だからこそ、古き良き吉原がこの世から消滅している令和の世とは言いつつも、時代を超えて、価値観をも超えて、この落語の久蔵のような言動が現代人の心を打つのでしょう。

考えてみたら、まだカミさんと付き合いはじめたばかりの頃の私はカネも仕事もなく、自分で言うのも恥ずかしいのですが、誠実な姿しか取り柄がありませんでした。稼ぎも少なかったあの頃でしたが、「二人で暮らすにはお金もかかるの。その心意気を見せてよ」と言われたことがあり、一念発起して短期間で数十万貯めたことを、今書きながら思い出しました。

才能やセンスなどよりも、このピュアでまじめというところだけあれば、物事はすべて大丈夫なのではないかとすら思っています。

そして何より「純粋、くそまじめ、バカ正直」は、案外誤解されがちなのですが、実はナーバスでもなんでもなく、めちゃくちゃタフでバイタリティの塊という精神的マッチョではないでしょうか。この落語での高嶺《たかね》の花たる高尾太夫は、久蔵のそんなところに惚れたのではと確信して、私はいつもこのネタを語っています。

女性は昔から、自分の人生を変えてくれそうな人を選ぶものなのかもしれません。

夢を叶えるのに、センスも金も必要ない

考えてみたら、談志門下に入る際には試験などはありませんでした。

アマチュア時代に、まさに雲の上の高尾太夫に相当するような談志に惚れてしまった私は、この落語の久蔵そのものでした。いや、私のみではありません。「惚れたのなら、その証拠を形として見せろ」と談志に言われつづけて、二つ目、そして真打ち昇進を果たしてきたのが、私を含めた弟子の芸人人生でありました。コネもカネもない人間が談志を好きになり、三年で一五両稼ぐのと同じ熱意で、昇進基準である落語、講談、歌舞音曲に命をかけてきたものです。

そして談志亡き今、どこかでもうこの世にいないはずの談志に褒められようとして、健気にも弟子たちは古典落語の新しい演出を考えたり、新作落語を作ったり、あるい

は私の場合ですと、今書いているこの本を含めて、落語にまつわるさまざまな見方を提案しているのです（なんていじましいのでしょうか）。

話を戻しますが、センスやカネなどを持たなくとも、「一途な心」「ピュアで誠実な姿」さえあれば、すべての夢は叶えられるのではないでしょうか？

これは、人を好きになった場合だけではないはずです。

大学入試や会社の内外での評価、あるいはさまざまな資格など、人生をかけてまでして手に入れたい物事は誰にもあるはずです。

その原点として輝いている姿勢こそが「一途」「ピュア」「バカ正直」「純粋」「誠実」というキーワードではないでしょうか？

そんな、いい意味で「なりふり構わず精いっぱい」の生き方をしている人は、魅力的に違いありません。そんな魅力的な人を神様が放っておくわけなどありませんよ。神様を虜《とりこ》にしましょう。

元気がなくなったら、ぜひ『紺屋高尾』に触れてみてください。

あなたの心のカンフル剤になるはずです。

権助提灯《ごんすけちようちん》

八方美人になっちゃいないかい？

とある商家の旦那には妾（愛人）がいた。奥さんも妾がいることを知っている。

ある日、「今日は風が強いから、お妾さんの家に行ってあげたほうがいいのでは？」と奥さんから問われる。旦那はその言葉に甘えて、妾の家へ行くことにする。夜が更けていたので、提灯持ちとして田舎者の権助を連れていくことにした。

ところが行ってみると、お妾さんは「奥さんに申し訳ない。素直に旦那をお泊めしたとなると陰で何を言われるかわからないから、どうかお帰りください」と言って旦那を帰す。仕方なしに旦那は我が家へ戻ったのだが、奥さんは、

「その言葉を真に受けると、私も恥をかきます。あなたには向こうに泊まってもら

わないと、こちらの顔が立ちません。やはり向こうで泊まってください」

旦那は再びお妾さんのところに行くのだが、

「だめです！　奥さんのところへ、お願いですから帰ってください」

またまた自宅へ戻ることになったため、旦那は権助に告げる。

「権助、提灯に火を入れろ」

「旦那様、それには及ばねえよ。もう、夜が明けた」

恋愛に優柔不断は禁物

リズミカルに話が進むばかばかしさで、談志の十八番でした。

いやあ、短い噺ですが、双方の女性の意地が垣間見え、女性に翻弄される男性のバカさ加減は人類永遠のテーマでもありましょう。

さて、この落語は、「八方美人になるな」という刀で斬ってみるべきではないでしょうか。

恋愛というのは、ある意味〝一大事業〟です。基本、一人しか選べないという覚悟が前提の行為であります。そこに優柔不断な姿勢で臨むというのは、決定的なルール違反そのものではないかという真理を、この落語から感受していただきたいのです。

昨今の芸能人の不倫問題に関しては、コンプライアンス遵守の風潮も相まって世間から大きく叩かれていますが、そもそも恋愛という命がけの行為において、不倫や浮気の相手がいるというのは、男としてのある種の「リスクマネージメント」を行なってしまっていることでもあります。

つまり、本妻に対しても不倫相手に対しても、どっちに転んでもいいような、双方に失礼なポジションを取ってしまっている格好です。

浮気は道徳上というよりも、そもそもかような「覚悟のなさ」という意味において断罪されるべき行為なのかもしれません。イリーガルでインモラルでもある浮気や不倫は、民法上や道徳上からではなく、もっと厳しいところからアウトと叩かれるべき案件なのでしょう。

「男の浮気は浮気だけれども、女の浮気は本気」とは、よく聞きます。

これに関して言うならば、談志は徹底的に女性的でした。神経も細やかで、昔のことをとにかくよく覚えていました。

そして、談志が女性的ならば弟子は男性的でした。談志は、踊り、唄、講釈、落語などなど、弟子にたくさんのものを求めました。これって女性が「優しい男性であってほしい、仕事もきちんとこなしてほしい、身だしなみもきちんとしていてほしい」と一人の男性に多くの要素を求める傾向と、どこか似ていませんでしょうか。

逆に男性は、「Aさんには綺麗さ、Bさんには優しさ、Cさんには安らぎ」などと、それぞれ個別の女性に別々の理想を求めがちです。とても対照的であります。このような差が、男性の浮気と女性の本気の違いを生むのではと推察しています。

まあ、あくまでもこれは私見です。決して浮気や不倫を肯定しているわけではありませんから誤解なきよう（笑）。

〝一本釣り〟でたくさん振られよう

ともあれ、覚悟とは対極の位置で、調子よくやり過ごそうとしているようにしか見えないのが「八方美人」という立ち位置です。

異性は、決してスペアではありません。こと恋愛に関しては、やはり『紺屋高尾』（128ページ）同様、失敗失恋上等の断固たる〝一本釣り〟を狙うべきではないでしょうか。そこでしくじったとしても、それは必ず豊かな経験となるはずで、その後の人生に役立つはずです。

振られましょう。

私は振られるたびに「次はもっと素晴らしい女性を」との思いで、今のカミさんと出会うことができました。

これは恋愛のみならず、仕事や事業などと向き合う際に問われる「人間力」にもつながっていくものと確信しています。

いやあ、若いころモテなくてよかったです。強がりでもなんでもなく、本当にそう思っています。

それにしても、この落語、俯瞰でいくぶん意地悪く見つめてみると、この奥さんにも実は男がいて、このお妾さんにも実は男がいたのではないでしょうか。だから、かような言動で旦那を拒否しているのでは、とも読み解けますがいかがでしょうか？

三枚起請《さんまいきしょう》

相手にとって「都合のいい人」になれているかい？

吉原では「年季が明けて夫婦になることを約束する文章」を起請文という。また、「ウソで起請を交わすと、熊野でカラスが三羽死ぬ」という言い伝えもあった。

さて、ある町内の若い男三人は、それぞれ同じ遊女から起請文をもらっていたことが判明する。つまり、全部ウソだったのだ。三人は「よし、とことんこらしめてやろう」という話になる。

三人で遊郭に入り、一人はその遊女を待ち、ほかの二人はそれぞれ押入れと衝立《ついたて》の陰に隠れることにした。遊女がやってくると、待っていた男は「ほかにもお前から起請文をもらったという奴がいるぞ」と問い詰める。が、まさか遊女はほかの二人

水瓶《みずがめ》が隠れているとはつゆ知らず、起請文を否定するばかりか、「あの人たちは、水瓶に落っこったおまんま粒みたい」などと、彼らの容姿や物腰をおちょくった。

隠れていた二人が怒って登場すると、驚くものと思いきや、むしろ「遊女は男を騙《だま》すのが仕事だ」と開き直る。

「おい、花魁、起請文にウソを書くと熊野のカラスが三羽死ぬそうだが、お前のせいで熊野中のカラスが死にそうだな」と訴えると、遊女は、

「だったら、もっと起請を書いて世界中のカラスを殺してやりたいよ」

「どういうわけだ?」

「ゆっくり、朝寝がしてみたい」

※「三千世界のカラスを殺し主と朝寝がしてみたい」という有名な都々逸《どどいつ》。

恋愛にロジックは通用しない

ずばり恋愛とは、騙し騙され合いなのです。

というと、前項目『権助提灯』で私が声高に訴えた「恋愛において八方美人になるな」とは、少し食い違うようにも思います。

でも、でもです。花魁のように開き直るわけではありませんが、「恋愛においては優柔不断になるな」も「恋愛なんて騙し騙され合いだ」も、ともに真理なのです。いや、それほど複雑な人間模様こそが恋愛なのですから、真理は一つではないのです。

正しいロジックなど、恋愛には存在しません。

やはり、談志は「現実こそが事実であり、真実なのだ」とよく言っていました。

立川談志という強烈なキャラクターから発せられた言葉は、あの頃の自分には全く咀嚼《そしやく》できないほど難しいものでした。今だからこそ噛みしめ直して本になっているのですが、当時は不快感しかありませんでした。

改めて自分の読解力のなさを恥じるのみですが、逆に即座に理解できなかったからこそ、そのタイムラグを埋めるようにして著書として出せているのですから、何が幸いするのかわかりません。

そして、騙し騙され合いの中から浮かび上がってくるものは、「相手のいい面も悪い面も両方好きになれるかどうか」という人類永遠のテーマでもあるクエスチョンではないでしょうか？

男も女も人は誰でも、自分に調子よくウソを重ねるものです。『お見立て』の項目でも書きましたが、恋愛にウソはつきものだと心得ておきましょう。

「人間で一番大切なのは都合なんだよ」

それにしても、二元論者的に「じゃあ恋愛は、八方美人になって優柔不断ではいけないのか、それとも騙し騙されの清濁併せ呑むのか、どちらなのか？」と詰問された場合、どうすればいいのでしょうか？

そんなときにも、談志は名言を残してくれました。

曰く「人間で一番大切なのは都合なんだよ」と。

つまり、嚙み砕いて言うならば「ときに八方美人でもいいし、ときに騙し騙されを拒否してもいい。ブレずに異性に立ち向かうことも大事だし、騙し騙されを甘んじて受けてもいい。そのときの都合で決めていいんだよ」ということです。

談志はよく、若い女性には「いいか、自分にとって都合のいい男と付き合えよ。自分にとって二枚目が都合がよかったら二枚目と付き合えばいいし、金持ちのほうが都合がよかったら金持ちと付き合えばいい。それだけだ」などと言ってサインに応じていたものでした。

この〝都合論〟で恋愛を処理すると、心が楽になります。

「ああ、俺が振られたのは、あいつのほうがイケメンだったからだ……」「向こうは金持ちだったもんな……」などと自分を否定することもなくなります。「ああ、たまたま俺とは都合がつかなかっただけだ」と、次の恋愛に向けて前向きに考えることができるでしょう。

恋愛という騙し騙され合いも、人生の修業ではないかと思います。この修業を積み重ねることで、相手のいい面・悪い面の両方が好きになれるかという覚悟も醸成されていくものです。

ひとまず、気になる女性のウソも受け入れてみてはどうでしょうか。あなただってウソをついているのですから。

そんなダメなもの同士がおりなす物語、それが恋愛なのですよ。

たらちね

相手に譲歩できる余裕はありますか？

独り者の八五郎が、大家に縁談を持ちかけられた。器量も性格もいい娘だというが、うますぎる話に八五郎は不信感を抱く。大家を追及すると、しぶしぶ「いい娘だが、言葉遣いが古典的で丁寧すぎるのが、玉にきず」と説明される。八五郎は、そんなことは全然気にしないと言って、妻として迎え入れることにした。仲人は宵《よい》の口とばかりに、大家は去っていく。

さて、祝言を終えて二人きりになり、八五郎は妻に名前を尋ねたのだが、

「自らことの姓名は、父は元京の産にして、姓は安藤、名は慶三、字《あざな》を五光と申せしが、我が母三三歳の折のある夜、丹頂の鶴を夢見てわらはを孕《はら》めるがゆえ……」

などと、全く意味がわからない。八五郎は『寿限無《じゅげむ》』よろしく、その全部が名前だと思ってしまう。

翌朝、彼女は朝食を作りはじめるのだが、支度が整うと八五郎を起こすため、

「あーら、わが君。日も東天に出御ましまさば、うがい手水《ちょうず》に身を清め、神前仏前へ燈灯《あかし》を備え、御飯も冷飯《れいはん》に相なり候へば、早く召し上がってくださいまするよう恐惶謹言《きょうこうきんげん》」

と声をかける。八五郎はあきれた。

「飯を食うのに恐惶謹言なら、酒を飲んだら、依《よ》って（酔って）件《くだん》の如しか」

※「恐惶謹言」は改まった手紙の末尾に書く結語であり、「依って件の如し」は契約書の末尾に書く結語。つまりは、ダジャレ落ち。

考え方が違うから面白い

言わずと知れた前座噺で、この落語を通じて「女性」の演じ方を習い、落語のネタ

を増やしていったものでした。

　さて、この噺は、価値観の違う人との向き合い方を示唆しているものと、思考の枠を広げて受け止めてみたらいかがでしょうか。

　この落語はもしかしたら、どんな人とも簡単につながることのできる現代社会を予言していたのかもしれません。まさにこれからの世の中を象徴するような、ある意味でグローバル社会を、江戸っ子たちは想像していたのではないでしょうか。

　今日のようなグローバル社会を生き抜く作法で一番大切なのは、なんと言っても〝譲歩〟あるのみです。お互いの主義主張を声高に訴えるのではなく、ひとまず相手に〝譲歩〟して相手を受け入れてみたらいかがかと、素っ頓狂な女性を妻とする八五郎目線で考えてみてほしいのです。

　意思の疎通が難しいことを厄介だと考えるのではなく、面白いものだと考えてみたら、考え方の幅が広がるかもしれません。価値観が合う人たちとばかり付き合っていたら、脳内マーケットも縮小するでしょう。

　その際のコツのような思考法を考えてみたのですが、「だったら、こうしてみたらどうかなあ」というフレーズなんていかがでしょうか。

焼肉を食べに行こうとしても、そこにインド人がいたら焼肉には行けません。アラブ系の人がいたら、ヤキトンには行けません。かのようなとき、「だったら魚料理にしてみたら」いいのではないでしょうか。

「ああ、おいしい焼肉が食べたかったのに」という発想ではなく、「だったらこうしてみよう」は、さまざまな意見を包括して次に進む際に背中を押してくれる魔法の言葉にすら思えてきます。前提をひとまず踏まえて、次に向かうステップを誘発してくれる響きが、互いにとっての救いになるはずです。

たとえば、彼女とのデートで、「今日は体調が悪くてお酒が飲めないの」などと言われたら「だったらいっそデザート巡りにしない?」などと提案してみましょうよ。否定せずに一緒に考えようとする姿勢は、恋愛に平和をもたらすような気がします。

価値観の違いなんて、小さいもの

それにしても、この落語は俯瞰で見つめてみると、言葉が丁寧すぎてしまうという少し難ありの女性でも結婚できたのは、江戸時代に培われた「長屋」というシステムの凄さでしょうか。きっとこの女性も、普通の庶民として江戸の町に溶け込んでいってしまう姿が想像されます。

「あんた、こんなバカな亭主にそんな面倒くさい言葉なんか使うことはないよ。『一文字草』なんて言わなくていいよ、ネギ、ネギ!」などと井戸端会議で指摘されていくうちに、すっかり長屋のおばさんへと変貌を遂げていくに違いありません。いやあ、江戸は変に「個性」や「多様性」などという言葉に縛られていなくて、いいですね。

かくいう私も「慶應大卒初の落語家」などという触れ込みでしたから、談志には相当できる奴だと思われていたフシがありました。が、蓋を開けてみるととんでもないドジでバカな弟子でありました。

真打ち昇進の際には「お前は、『らしくなる』まで手間取ったなあ」と述懐されたものでした。この言葉の裏側には、「お前も俺の弟子になるのに譲歩したはずだが、俺も譲歩したんだぞ」という思いが満ちあふれていました。

数々のしくじりをカミさんに披露したところ「本当に耐えたのは、あなたではなく談志師匠」と爆笑していたものです。

価値観の違いなんて、振り返れば小さいものですよ。譲り合いましょう。

第4章

「お金」が心配なら

目黒《めぐろ》のさんま

「物」よりも「経験」にお金を使おう

ある殿様が家来たちと目黒まで鷹狩に出るが、供の者が弁当を忘れてしまった。腹を空かせている殿様一同のもとに、うまそうな匂いが漂ってくる。

殿様が匂いのもとを尋ねると、家来が「これはさんまという庶民の食べる下魚。ゆえに殿のお口に合うものではありません」と答える。しかし、空腹に耐えかねた殿様は、家来にさんまを持ってくるように命じ、家来は仕方なく農家が食べようとしていたさんまをもらってくる。

直接炭火で焼いたさんまは黒く焦げて脂がしたたっているが、生まれて初めてさんまを食べた殿様は、そのうまさに大喜びする。

さんまのうまさが忘れられない殿様。ある日のお呼ばれの席で、何か食べたいものはと聞かれ、すかさず「さんま」と答えた。庶民の魚であるさんまが屋敷にあるはずもなく、家来は日本橋の魚河岸《うおがし》でさんまを買ってくる。家来が調理してみるが、さんまには脂が多すぎる。そのため、蒸して脂をすっかり抜き、骨がのどに刺さってはいけないと骨をすべて抜き、ほぐした身を団子にして、吸い物にして椀で出した。殿様が食べてみると、目黒で食べたものとは比較にならぬまずさ。

どこで求めたさんまかと尋ねると家来は、

「日本橋の魚河岸で求めてきました」

すると、殿様はしたり顔で、

「ううむ、それはいかん。さんまは目黒に限る」

お金は経験値を増やすために

秋の味覚を高らかに訴えた一席です。考えてみたら、秋の落語はこの噺ぐらいしかないのが不思議です。「食欲の秋」とはよく言われますが、そういう風に言われるようになったのは、高度経済成長あたりの飽食の時代からでしょうか。

さて、この落語は、「お金は経験に使うためにある」と読み解くべきではないでしょうか。どうしてもお金は手元にあると貯めたくなるものですが、死蔵させてはもったいないものです。そのお金を使って、たくさんの世界に飛び込んで経験値を増やすべきではと確信します。

どうしてもこの落語に関しては、否、殿様が出てくる落語すべてに通底することなのかもしれませんが、「殿様の無知を笑う」という捉え方になりがちです。

それも無論ありでしょうが、どちらかというと、それは当時の庶民の溜飲を下げるための捉え方ではないでしょうか。やはり落語は時代時代に応じて、捉え方も聞き方も更新すべきではないかと思います。昔ながらの聞き方だけですと、もったいないような気がするのです。

この殿様における、普段の環境から一歩外に出て、普段では絶対に口にしないものを食べるという行為は、ある意味リスクそのものです。それをお金に置き換えてみると（目黒まで狩りに出かけるというのも換算すれば高いはずです）、いつもながらの価値観や固定観念が、お金（リスクを取る行為）によって経験に昇華されたとも言えましょう。

この殿様はリスクによって、新たな味覚を獲得し、経験値を増やしたのです。

経験への昇華は投資と同義

翻って、生きたお金とは、こういう使い方を指すのではないでしょうか。

だからこそ特に若いときなどは、お金をそのように用いるべきで、いや、たくさんの世界に飛び込みたいという思いがあればあるほど、一生懸命働いてお金を稼ぐというモチベーションも上がっていくものだと確信しています。

考えてみたら、ワコールをやめて談志門下に入門した私も、毎月「上納金」というリスクを談志から背負わされた形でした。

しかし、さんざんネタにもしてきましたが、談志亡き後の私の現状を噛みしめてみると、「談志から落語にまつわることすべてを学んだ」という意味で、それは一種の〝投資〟となっていました。その投資のおかげで、不景気とコロナ禍を乗り越えながら、今こうして出版の世界でなんとか食いつなげて〝回収〟している現状であります。

考えてみたら私の人生は、長い落語の旅のような感じでしょうか。談志という最強のツアコンに振り回されながら、一般的には得難い経験をさせてもらってきたからこそ、本にする値打ちがあると見込まれているのでしょう。

そして、この『目黒のさんま』に再び戻ると、未知なる下魚に挑戦してみるという〝投資〟が、殿様の真の味覚を呼び起こしたとも把握し直すことができるでしょう。

いや、もっと言うならば、「味覚には優劣がない」という結論なのかもしれません。何年か前に海外旅行でおいしいものをたくさん食べたことがありましたが、その旅行中で一番美味かったのが、深夜のホテルで食べたカップラーメンでした(笑)。

無論、それこそ経験してみて初めて気がついたことであります。

やはり、経験が肝心なのです。

経験のためにこそ、お金を使いましょう。そのために働きましょう。

水屋《みずや》の富《とみ》

身の丈以上の大金は、かえって生きづらくなるよ

まだ上水道が完備されていなかった江戸。その頃は玉川上水や神田上水あたりから汲まれた水を、水屋が運んで売り歩いていた。いわゆるエッセンシャルワーカーだ。

さて、「ああ、金持ちになりたい、金持ちになりたい」と毎日祈る水屋だったが、たまたま買った富くじ（宝くじ）が当たって、一〇〇〇両という大金を手にする。当時のルールで二割差っ引かれた八〇〇両を手にして大喜びで家に帰ってきたのだが、貧乏長屋ゆえ大金の隠し場所に困り果ててしまった。結局、畳を上げて根太板《ねだいた》をはがし、そこに通っている丸太に五寸釘を打ち込んで、金の入った包みを引っかけて隠すことにした。

ところが、これで安心とはならない。商売に出てもすれ違う人すべて泥棒に見えてしまい、金のことが気になって仕事もはかどらない。夜は夜で、強盗に襲われて金を奪われる夢ばかり見て睡眠不足、それゆえ、毎日仕事でもしくじってばかり。

その水屋の真向かいに住んでいたのがヤクザ者だった。彼は水屋が毎日帰宅後、竿《さお》を縁の下に突っ込み、朝起きるとまた同じことをするので不審に思っていた。「あそこに何かあるな」と水屋の留守中に忍び込んで、根太板をはがすと、なんと大金が隠されていた。「ありがてえ！」と、ヤクザ者は八〇〇両を盗んで逃げてしまう。

その晩、水屋が仕事から帰ってきて、いつものように竿で縁の下をかき回すのだが、手ごたえはない。根太板をはがして、金が盗まれていたことに気づく。

「ああ、俺の金がない……。よかった。今晩からゆっくり寝られる」

貯金の使い道を改めて考えよう

いやあ、実にカネにまつわる深い話であります。この噺は率直に言ってしまえば、「宵越しのカネは持たずに」ということなのでしょう。

つまり江戸は現代の日本とは違い、貯金しないで市中にお金が出回っているからこそ、経済も回っていた世の中でした。稼いだお金をその日に使ってしまうことが「粋」だと考えられていたからこその現象でもあったはずです。

落語には「俺たち職人は、仕事さえあれば大名暮らし」というセリフもよく出てきますが、貯金する人たちをバカにして、「カネがなきゃないで、どうにかなるさ」というようなのんきさが、庶民の生き様に反映されていました。

そしてその空気感が、確実に落語の下支えとなってきました。この辺り、「金融資産世界一」と言われている今のこの国とは対照的ですよね。経済学者が「市場にお金が行き渡れば」と口を酸っぱくして言いつづけても、タンス預金に明け暮れるお年寄りが多いと聞きます（この落語、今で言うならタンス貯金そのものですよね）。以前と比べて、金利は上昇する気配にあるとは言えましょうが、それでもお年寄りは銀行に行くよりタンス預金を抱えているという、そんな背景があるからこそ、それを狙う犯罪組織による事件が頻繁に発生しています。

まさに〝貯金の使い道〟を考えなくてはいけない時代であります。

幸福の基準は低くていいじゃないか

そしてそれと同時に、この噺は「身の丈以上の大金を持って、果たして生きやすいのか」という人類永遠のテーマをも訴えているような気がしてなりません。

以前、宝くじ高額当選者のその後の人生を綴った本を読んだことがありますが、まさにこの落語のオチと同じように、「億万長者になって、本当に幸せだったか」という課題を突きつけられたような生活を営んでいたものでした。

いわゆる「持ちつけないカネ」は、不幸のもとなのかもしれません。

自分の周囲にも大金持ちがいますが、「海外への家族旅行は親子で時間差で行く」と言っていましたっけ。万が一、同じ飛行機に乗っていて事故に遭遇した場合の、相続遺産を考慮してとのことでした。

親子で一緒に飛行機にも乗れないなんて、金持ちには金持ちなりの苦労があるんだなあと、私は庶民で生まれたことに感謝するのみでした。

談志はいつも打ち上げなどで、サインには「幸福の基準を決めよ」と書いていたものです。「世界旅行なんかしなくても、一日中茶碗の蓋を眺めているだけで幸せを感じる奴にはかなわない」とよく言っていたものです。私の三〇年以上の落語家としての経験からもお伝えすると、「幸福の基準は、低ければ低いほどいい」のです。「一人で行くすきやばし次郎より、家族で行くすき家」ではないでしょうか。やはり食事は食べる内容以上に、誰と食べるかこそ肝心なのだと確信しています。

いやあ、無論一度ぐらいは、家族ですきやばし次郎には行きたいなとも念じていますけどもねえ。あ、それにはこの本を愛してくださる方を増やすしかありません。この本、皆さんで広めてくださいね（笑）。

持参金《じさんきん》

お金が欲しいなら、たくさんお金を使いなさい

長屋に住む男は、五円を借りていた友人から突然返済を求められる。さすがに急すぎると男は答えるが、友人は、急遽今日中に五円が必要になったという。その友人が去った後、今度は世話好きで知られる長屋の大家がやってきて、男に縁談話を持ちかける。話を聞けば、相手の女性は器量が悪く、さらに妊娠までしているという。男は「そんな女と結婚する奴がいるか」と返すのだが、大家は「持参金が五円もらえる」と付け加える。それを聞いて男は、先ほどの借金がチャラになると思い、仕方なく縁談を受けることを決めた。「今日中に持参金を渡すこと」を条件とし、大家も納得して喜んで帰っていった。

しばらくして再び友人が現れ、金の用意はできたかと聞く。用意のあてはできたと答えた男は、友人にどうして五円が急に必要になったかを尋ねる。すると友人は、「酔った勢いで器量の悪い女と寝てしまい、それで妊娠までさせてしまった。大家に相談したところ、五円の持参金を用意すれば、別の男との縁談をまとめてやると言われた」と明かした。ここで男は、やっと今回の縁談話の正体に気づく。

友人は、大家に持っていくために早く金を出してほしいと男を急かすが、男も大家が金を持ってこなければ出せないと答え、

「金がぐるぐる回るんだな」

「道理で、金は天下の回りものだ」

受け取る人がいれば、必ず出す人がいる

まったくもって酷い話であります(笑)。

昨今はルッキズムという、他人の容姿について触れることのセンシティブさをシェアする世の中ですので、取り立てて女性の外見を笑うネタは語りにくくなってくるの

かもしれません。やはりここでも、世知辛いと嘆くのではなく、現実が事実だとわきまえる必要がありそうです。ただ、そういう現代の環境は抜きにしても、カネを巡るこの落語の構図はとても面白いものがあります。

カネとは「出す人」がいるのならば、必ず「受け取る人」がいるもので、逆に「受け取る人」がいるならば、やはり「出す人」がいるものです。案外、この原理に気づかない人が多いものです。

人間は得てして、出す場面で損を感じ、そして受け取る場面で得を感じているだけなのかもしれません。この落語は、そんな狭い価値観から離れて視野を広げましょうと訴えてくれているのではないでしょうか？

先日、電車の中で女性同士が「友達の結婚が相次ぎ、ご祝儀の出費で今月ピンチ」などと悩みを打ち明けていた場面に出くわしましたが、やはりそういう人だっていざご自身が結婚するときには、回収できるはずでしょう。

そういう、いわば社会に本質的に備わっている〝免疫力〟を信じましょうというのが、このネタの核心ではないでしょうか。

お金は回してこそ意味をなす

かつて「ＰＲＩＤＥ（総合格闘技イベント）の怪人」と呼ばれた作家の百瀬《ももせ》博教《ひろみち》さんに、私は大変可愛がっていただいていました。もう亡くなられて何年も経ちますが、いつも会うたびにご祝儀をくださる神様のようなお方でした。

その百瀬さんに言われた言葉が「談慶、一万円あったらな、自分で使うよりも他人にやっちまえ。お前から一万円をもらったときの、そいつの浮かべる笑みは、一万円以上の値打ちがあるぞ」というものでした。力道山《りきどうざん》や石原裕次郎のボディガードをやってきた無頼派のセリフには、ものすごい説得力があったものです。

人は時として「貧すれば鈍する」で、目先のお金が入ってくるとついつい貯金などに走りがちですが、百瀬さんを見習って、市中に還《かえ》すべく他人に渡してみる。そこで確実に生まれる他人の笑顔は、その先のもっと大きな一万円以上の値打ちのあるものを呼び込んでくれるかもです（少なくとも、そう思うことでワクワクします）。

いやあ、なかなか現実問題として、コロナ禍のせいで落語家として厳しい日々を送っていますので、百瀬さん的振る舞いがやりにくくはなってきています。が、たとえばです。タクシーで近距離移動したとき、代金が一〇〇〇円以下だったら「お釣りはいいです！」と言って、いくぶん強がることなどでしたら実践できるのではないでしょうか。

実は、これは私もずっと励行していることで、不意を食らった格好の運転手さんの「サプライズ的笑顔」はとても気持ちのいいものです。これならばすぐに実行できるのではないでしょうか。

カネは天下の回りものですから、まずは地道に少しずつ回してみましょうや。

今あなたが持っているお金は、永遠ではありませんよ。

だって、回さないと本領を発揮しないのがカネですもの。

だから、アメリカにはチップ文化が根づいているのでしょう。我が国にもご祝儀文化がありますよね。というわけで、皆さま、ご祝儀お待ち申し上げます。

必ずあなたのところに帰ってくる（かも）です。

三方一両損《さんぽういちりょうぞん》

お金に執着しすぎると、いつか疲れてしまうよ

左官の金太郎は、三両の金が入った財布を拾う。財布と一緒にあった書付《かきつけ》を見て、持ち主の大工の吉五郎に返しにいくが、江戸っ子を標榜する吉五郎は「もはや俺の懐から飛び出した金なんざ受け取らない」と言い張る。

しかし、金太郎もまた江戸っ子であり、俺がもらえるわけはない、どうしても吉五郎に返す、と言って聞かない。互いに大金を押しつけ合う展開となり、ついに奉行所に持ち込まれ、名高い大岡越前《えちぜん》（大岡忠相《ただすけ》）が裁くこととなった。

双方の言い分を聞いた越前は、どちらの言い分にも一理あると認める。その上で、越前自らの一両を加えて四両とし、二両ずつ金太郎と吉五郎に分け与える裁定を下

す。金太郎は拾った三両もらえるところ二両しかもらえず一両損、吉五郎は三両落としたのに二両しかもらえず一両損、そして大岡越前は裁定のため自腹で一両失ったので、三方一両損として双方を納得させた。

そして場が収まったところで、越前の計らいでお膳が出てくる。普段は食べられないご馳走に舌鼓を打つ二人を見て、越前は「いかに空腹だといっても、大食いは身体に悪いぞ」と注意する。すると、二人はそれぞれ答えた。

「多かあ（大岡）食わねえ」

「たった一膳（越前）」

損をシェアするメンタリティ

江戸っ子らしい粋がりが、なんとも痛快となっている見事な一席です。実際の世の中の金にまつわる争いごとが、そんなにすっきり解決しないからこそその爽快感なのかもしれませんね。

さて、この落語は「お金の損と得とは表裏一体だよ」という経済の本質を、江戸っ子のかっこよさとともに訴えているのではないでしょうか。

ついつい現代人は「いつも得していたい」と考えがちですが、世の中は損も得も分け合ってできているとわきまえると、世知辛いこの令和でも、お金への執着心をうまく手放すことができるのではと確信しています。

たとえばこの噺、三両入った財布を拾った金太郎が使い込んでしまったらどうなっていたでしょう。貧乏人にとって三両は、今の通貨価値で三〇万以上ぐらいの大金のはずで、狭い長屋ではすぐに噂になるはずです。口さがない江戸っ子たちは、末代にわたって金太郎の行為を咎めるはずでしょうし、そうなることを無論理解しているからこそ、金太郎は見栄を張っていたのかもしれません。

さらに、使い切ってしまったら、そもそも吉五郎との縁も芽生えません。やせ我慢した結果、一緒にご飯を食べる仲になったのです。金太郎と吉五郎は、きっと単純な者同士、肝胆相照らす仲になったものと確信します。

つまりこの噺には、カーシェアやシェアハウスに代表されるような、昨今の主流になりつつある「シェア感覚の萌芽」があったのではとも思えてきます。

ここで大切なのは、プラスの儲けではなく、マイナスをシェアしている点です。プラス面のシェアは比較的簡単なものですが、マイナス面は分け合いにくいものです。

しかし、不労所得を拒否するようなポリシーを是とする、かのような江戸時代の了見が、もしかしたら江戸という狭くて窮屈でストレスフルなコミュニティにおいては、あらゆる面でのブレーキになっていたのかもしれません。

そして、それらを遵守する江戸っ子らしい「粋がりメンタリティ」が、先祖代々で涵養《かんよう》されつづけてきたからこそ、三〇〇年近くにわたって我が国では平和が保たれてきたのではないでしょうか。

つまり、この壮大なる歴史的実験から導き出される結論が、いくぶん大げさな見方をして「損を分け合うことこそが、あらゆる紛争を未然に防ぐのだ」ということだとしたら、ますます落語が持つ意味合いが重くなってくるような予感がします。

どうして出世したいのか？

さらにこの噺には、金太郎が「出世するなんて災難に遭いたくねえ」と発言する場面がありますが、よく考えてみたらこれもすごいセリフです。

金太郎のように「得をすることは災い」と言い切る感覚と、損をシェアすることはコインのまさに表と裏であります。

これぞまさに「自分が儲けたとしたら、その裏ではきっと損して泣いている奴がいるかも」という複眼的視野を示す姿勢そのもので、これは令和の時代の「今だけ、金だけ、自分だけ」という多くの人が持っている価値観とは、明らかに一線を画しています。


ここまで述べてきて、落語の温かい目線は、ご先祖さまからのメッセージだと気づきました。我々のご先祖さまたちはこの落語の価値観を良しとしてきたはずで、だからこそ、この落語が現代にも伝わってきているのでしょう。

落語を聞き、そしてたしなみ、今の時代の考え方の偏狭さを悟ることは、換言するならば「バーチャルお墓参り」みたいなものでしょうか。

『三方一両損』を聞いて、お金に対する執着心をご先祖さまに慰めてもらいましょうよ。きっとあなたの心に、余白を作ってくれるはずですよ。

猫《ねこ》の皿《さら》

自分を上手にブランディングしよう

江戸で道具屋を営んでいたある男。地方に出かけて希少な骨董品を見つけては、所有者を言葉巧みに騙して安値で買い叩き、江戸の収集家に高値で売りつけて生計を立てていた。

ある日、ある街道沿いのうらぶれた茶店で、道具屋の男は茶を飲みながら店主と世間話をしていた。ふと店の隅っこで餌を食べている飼い猫に目をやると、なんと猫の餌用に使っていた皿が、名品の〝高麗《こうらい》の梅鉢《うめばち》〟であることに気づいた。

男はこれを買い叩こうと、まずは「猫が欲しい」と店主に言いながら猫を抱き寄せ、「かわいいな。ぜひ、三両で私に引き取らせてはくれないか」と持ちかける。店主が「喜んで」と快諾すると、すかさず男は「猫というのは不思議なもので、皿が変わると餌を食べなくなるものだ。ついでだから、この皿も一緒に持っていくよ」と、言葉巧みに何気なく梅鉢を持ち去ろうとする。しかし、店主が止める。

「猫は差し上げますが、これは高麗の梅鉢。三〇〇両もする名品でございます。売るわけにはいきません」

皿の価値を知った上で、猫の餌用に使っていたことに驚く男。

「何だ、知っていたのか。これが名品とわかっていながら、なぜそれで猫に餌をやっているのだ」

「はい、こうしておりますと、ときどき猫が三両で売れます」

自分の市場価値を考えてみる

「実は騙そうとして近づいたのだが、向こうのほうが一枚上手だった」というあるあるは昔の世からあったそうで、かの一休禅師にも同じような逸話が残されているとのことです。

ついつい人間は、他人を自分より下などと勝手に値踏みしがちなものです。きっと昔からご先祖さまも、それによって痛い目に遭ってきたのでしょう。

私は還暦近くなってもベンチプレス一〇〇キロを上げていますが、ジムでベンチプレスを六〇キロでやっていた若い人が片づけに入ると、「いやあ、そのまんまにしておいてください」と言って、準備運動がてら足を上げながら六〇キロを上げて、優越感に浸りたくなってしまいます（嫌味ですね）。

さて、この噺は、このようなありきたりの解釈より、「自分の価値は自分で上げていくものだ」という具合に読み替えたほうが、現代的意味合いは増すのではないでしょうか。

「給料が少ない」と現状を嘆くのではなく「だったら、自分をもっとブランディングしよう」と未来を見据えるのです。

「猫」（自分）を価値あるものだと盲目的に信奉するのをやめよう、という意味では決してありません。「猫」（自分）自体に、果たしてどれくらいの価値があるのかと、少し思案してみてほしいのです。

自分以上の世界に飛び込もう

「落語家になりたい」と思ったとき、事情に詳しい福岡吉本の吉田所長らにアドバイスを乞うたことがありますが、皆さん「談志門下はやめときなはれ。厳しすぎる」と言っていたものです。だからこそ、あえて私はそこに行こうと決意したものでした。新弟子を受け入れ慣れている他所の団体よりも、魅力を感じてのことでした。

そして、いざ入門してみると、志の輔師匠をはじめ真打ちが多数いて、談春兄さんと志らく兄さんが次期真打ちと目される天才集団。まさに「自分以上の実力の組織」そのものでした。

入ってからその環境の厳しさに改めて気づいたのですが、時すでに遅し。案の定、二つ目昇進まで長時間かかりました。それでもやはり前座の頃、談春兄さんに可愛がってもらう時期もあり、さまざまな面から影響を受けつづけてきたものでした。

そんな談春兄さんが口癖のように言っていた言葉が「自力でやれ」でした。自分の力ですべてを切り開き確固たる現在の地位を築いたからこそ、真に迫る言葉として私の心に響いたものです。

この噺で、店主が「ただの猫」をうまくブランディングしたように、お金が欲しければ、出世したければ、もっと自分をブランディングするしかないのです。

無論、落語家とサラリーマンを一緒くたにはできませんが、たとえば週末は自分の価値を高めてくれそうな人たちが集う講演やパーティーなどに、積極的に出向いてみてはいかがでしょうか。無理して人脈を作れと言っているわけではありません。自分よりすごい人から刺激をもらう経験を積み重ねていくのです。

そこで何より大事なことは、「その人の原点」を発見しようと努めてみることです。すごいカリスマも、一歩目は素人のはず。すごい地位まで到達するにあたっての〝要素〟を探してみましょうよ。きっとあるはずです。

現状維持を目指すのではなく、積極的に自分以上の世界に飛び込んで、自分を刺激していきましょう。さすれば、いつかその経験はお金に変わっていくはずです。

そのためにも、最初に語ったように他人を値踏みしないことが大切です。断っておきますが、私も値踏みはベンチプレスのときだけですから（笑）。

宿屋《やどや》の富《とみ》

心の余裕もコツコツ貯めておこう

神田馬喰《ばくろ》町の旅籠《はたご》に一人の男が泊まる。宿の主人が宿賃をもらいにいくと、男はベラベラとよくしゃべる。自分は大金持ちで奉公人が何百人もいるなどと話したり、泥棒が入ったのだが一〇〇〇両しか盗んでいかなかった、もう少し持たせてやればよかったなどと吹聴したりするのだが、人の良すぎる主人はそれを信じる。

主人は、それではとばかりに、売れ残った一分の富くじを私から買ってほしいと頼み、成り行きから男は買うことになる。男は「お金が増えたら迷惑だから、当たったら半分やる」と威勢を張って宿を出る。しかし、実は、男は一文無しだった。

さて、男は「当たるはずがない」と神社へ出かけていく。そして、そのままくじ引きが行なわれているのを見ていると、なんと一等一〇〇〇両が当たっていた。突然の出来事に身体の震えが止まらなくなった男は、慌てて宿に帰り、宿の者に体調が悪いと言って寝込んでしまう。

ほどなくして、主人も自分が売ったくじを調べにいくのだが、一〇〇〇両を当てたと知り、へなへなと腰を抜かすも、急いで男の泊まっている部屋に行く。そして、寝ている男に「一〇〇〇両当たりましたよ！　半分もらえますよね！」と訴える。男は「一〇〇〇両当たったぐらいで、みっともねえ」と強がり、主人が興奮しすぎて下駄のまま部屋に入っていることをバカにする。

喜ぶ主人は気にせず布団をめくりあげる。すると、男も下駄を履いたまんま。

心の余裕とお金は一蓮托生

この落語の名場面は、男が神社で「五〇両は当たってないな〜、一〇〇両も当たってないな〜」と、一〇〇〇両当たっているのになかなか気づかないところです。

本当に気が動転しているときの精密描写をこの落語で感受しておくと、人生のもろもろの動揺する場面で、いい具合のブレーキになってくれるワクチン効果が期待できそうです（ぜひ、YouTubeなどで視聴してみてください）。

さて、この落語こそ俯瞰に捉えて、「心にゆとりがある人にお金は好んでやってくる」という風に踏まえてみましょう。

コロナ禍で仕事がなくなったとき、手元にある大きな価値に気がつきました。それは〝時間〟です。

あの頃は、「コロナ禍に何をやっていたか」で人生は決まるのかもと、そんな予感がしたもので、落語の仕事から離れて心に余裕が生まれたことで新しい挑戦ができ、初の小説『花は咲けども噺せども』を著すことができました。そうすることで、原稿料というお金を手に入れることもできました。まさに「心のゆとりはお金を作る」結果となり、まだ厳しいながらも、なんとか子ども二人を私立高校から私立大学へと行かせることができています。

「心のゆとりはお金を作る」ことも、その逆の「お金は心にゆとりを作る」ことも同時に真理ではないでしょうか。

出費は痛いものですが、これを〝お金の卒業式〟と捉えてみましょう。お金を「自分の懐のぬくもりで成長したひな鳥」だと思うと、出費は、まさに社会に出ていろんな人を救う旅立ちとなる儀式に思えてきませんでしょうか。

お金を出すとき、「痛いなあ」ではなく「いろんな人をニコニコさせるんだよ」と優しい声をかけてみると、お金だってうれしくなって、「またあなたの懐に飛び込んでいくからね」と、天下の回りものとして戻ってきてくれるのではないでしょうか。

景気という言葉に「気」が入っているのは、経済はある種の「気」で左右されてしまう、先行き不透明な不確実性が大半を占めているからでしょう。経済学者がデフレ脱却の正解をはじき出せていないのは、「景気という気分屋の気持ち」が、わかっていないからなのかもしれません。

小さいことからコツコツと

そうです、この噺で大切なのは、この一文無しが旅籠の主から「富くじ」をなけなしのカネで買っているという点です。

このとき、もしケチっていたら、「貧すれば鈍する」の通り、この男はただの詐欺師やウソつきに終わっていたに違いありません。

「カネのないときにこそ、宝くじを買え」という短絡的な行為を推奨しているのではなく、この主も困っていたのですから、「相手が困っているときは、つらいけど身銭を切ってやれば、その見返り以上のいいことはあるよ」というご先祖さまからの経験則が、この落語に込められているとも思えてくるような気がします。

やはり、この男にはカネは無くとも、かのような心の余裕はあったのです。

私はマクドナルドでコーヒーを頼むたびに、お釣りをお店にある「ドナルド基金」なる募金箱に入れています。一〇万、二〇万の献金はできませんが、小さな〝お金の卒業式〟を積み重ねていけば、そりゃ大儲かりなどはできないし期待もしていませんが、ひとまず貧窮に陥るようなことはないと確信しています。

〝お金の卒業式〟を徹底すれば、きっと〝お金の入学式〟、入ってくるお金もじわじわと増えてくることでしょう。

小さなことからコツコツと。お金も、心のゆとりも。

死神《しにがみ》

損得勘定で動く人ほど最後に損をする

借金だらけで自殺しようとしている男が、痩せこけた老人に声をかけられた。老人は自らを死神だと名乗り、「医者になれ。医者は儲かるぞ」と男を諭す。死神によれば、「どんな重病人であっても、死神が病人の足元に座っていれば、まだ寿命ではないから呪文を唱えれば助かる。逆に死神が枕元に座っている場合は、その病人は寿命だから助からない」とのこと。

家に戻った男が医者の看板を掲げると、さっそく、ある日本橋の大店《おおだな》から主人を診てほしいと依頼がきた。インチキ医者となって店に行くと、主人の足元に死神がいた。これ幸いと呪文を唱えると、死神は退散して病人はたちどころに元気になっていく。そして、男は多額の報酬をもらった。

この一件が評判となり、男は名医として数々の患者を治し、報酬で贅沢に暮らす。やがて愛人三昧となり、女房や子どもと離縁してしまうが、その愛人の一人に騙されて全財産を奪われてしまう。どうも人生には波というものがあるようで、それからというもの、訪問する病人はみな、枕元に死神がいて治すことができない。しまいにヤブ医者と言われるようになって、またまた困窮してしまう。

そんな折、大きな商家から声がかかり、行ってみるとまた枕元に死神がいた。「無理です、寿命です」と言うのだが、たったひと月でも延命できたら大金を出すと言われる。カネに目がくらんだ男は、店の男手四人を集めて布団の隅を持たせ、深夜に死神がうとうとしたのを見計らって、ぐるりと布団を逆転させて死神を病人の足元にする。そして、すぐさま呪文を唱え、死神を退散させることに成功した。男は再び大金を確保し、居酒屋で大酒を飲んで帰路につく。

その帰り道、男はあの死神に声をかけられた。「バカな真似をしやがったな。後からついてこい」と洞窟の中へ誘われる。そこには、大量の火のついた蠟燭《ろうそく》の数々。

この蠟燭一つ一つが人の寿命だと、死神は言う。そして「あんなことをするから、お前は死ぬはずだったさっきの男と、自分の寿命を入れ替えてしまった」と、一本の蠟燭を指差しながら言い放って去っていった。たしかに、男の蠟燭はとても短く、今にも火が消えそうだった。

驚いた男は助けてくれと懇願するのだが、そこに一本の長い燃えさしの蠟燭を発見する。うまくいけば命が助かる。一縷《いちる》の望みを託し、自分の消えかけた蠟燭から火をともそうとする。しかし、緊張で手が震えてなかなかうまくできない。

やがて──「あぁ、消えた……」

人生をお金なんかに振り回されるな

米津玄師《よねづけんし》さんが歌にするほど、広く知れ渡った演目であります。多くの落語家が、それぞれのオチなどを工夫していますので、ぜひ聴き比べてみてください（ちなみに私は、一旦消えた後、この男が死神の仲間入りをする「二段オチ」としています）。

この落語が訴えているテーマは、「誰もがお金は欲しいもの。人間はお金に執着しているものとわきまえなさい」ということでしょうか。

だからこそ大切なのは、必要以上に振り回されないことです。そんな欲望に振り回されてばかりいると、この落語の主人公みたいになってしまうのでしょう。

ここでふと思うのが、昨今各種ＳＮＳで話題になっている「著名人による詐欺広告」です。被害額が甚大との報道もなされていました。無論、騙すほうが一〇〇％悪いに決まっていますが、でもどこかで「私は大丈夫だ」「もしかしたら儲かるかも」のような欲望の萌芽はあったのかもしれません。

得てして犯罪グループは、そういう匂いを嗅ぎつけることに慣れているものです。だからこそ、古くから現代まで「ラクをして、うまく儲かる話などはないよ」という事実は不変であると踏まえて、このばかばかしい『死神』をエッセンスとして受け止めていくべきなのです。

儲かる儲からないより、楽しいか楽しくないか

そして、ラクして得たお金は、大概あっという間に消えてしまうものです。

前座の頃、一度だけパチンコで大当たりしたことがありますが、儲かった瞬間に消えてなくなったものでした（逆に、事務所から二か月後に振り込まれた前座としてのギャラの五〇〇〇円のありがたみを噛みしめたものでした）。

大体儲かる話なんか、人に勧めるわけなどありません。


儲かる儲からないより、楽しいか楽しくないか。

談志門下に入門して以来、私は人生の基準をそこに置くことにしています。そんな価値観を心に抱くと、「儲かるか儲からないか」だけを主眼としている人たちのことを「人生窮屈そうだな」とバカにできるようになります。

さあ、そうなるとしめたもの。何せ詐欺師サイドは「バカにされること」を極端に嫌がるものですから、向こうから自然と去っていくはずです。

友人に関しても同様、お金に執着していない人間と関係を築けるようになります。

その結果、笑いのセンスも涵養されるに違いありません。つまり、笑いは肉体的にも精神的にも免疫力を上げるばかりか、お金に執着している人からのアプローチも拒否するという効能すらあるのです。さあ、笑いましょう。

千両《せんりょう》みかん

お金の本質は「私的価値」なんだよ

ある大店の若旦那が病にかかる。誰にも言えない悩みが病の原因だと判明し、心配した父親の大旦那は、若旦那と仲の良い番頭に、若旦那の悩みを打ち明けさせた。すると、若旦那は「みかんが食べたい」ことが一番の悩みだという。つい、番頭は「お安い御用！」と安請け合いしてしまったが、季節は真夏。みかんなんか手に入るはずがない。しかし、事の顛末を聞いた大旦那は「どんなことをしても、みかんを手に入れろ。それが叶わなかったら、お前を主人殺しの下手人として訴える」とまで言い出すありさま。

番頭は街中を奔走し、なんとかして辿り着いたみかん問屋の蔵に入ってみると、一個だけ無事なみかんを発見した。が、なんと値段は一〇〇〇両。「どんな夏場だろうが、いつでもみかんを出せるのがうちの方針。その一つを保つために、その値段は適正だ」とみかん問屋は開き直る。

番頭が店に戻って大旦那に相談すると、「それで息子の命が救われるのなら安い買い物だ」と即決したため、みかん一個を一〇〇〇両で購入することになる。

さっそく若旦那に持っていくと、一〇房あるうち七房を食べ、残りの三房を父親である大旦那、母親、そして番頭の三人で分けるように、と指示を出す。

言われた通り、みかん三房を手に店に戻ろうとする番頭だったが、

「みかん三房で三〇〇両。俺が店を持たされたとしても、こんなにもらえない！」

と考え、そのまま三房を持って行方をくらましてしまった。

私的価値と市場価値を比べてはいけない

「ものの値打ちとはそもそも何か」という意味では、本当によくできた噺であります。

この落語は「お金の値打ちや価値観は人それぞれだから、安易に惑わされてはいけ

ないよ」ということを訴えているのではないでしょうか。

この『千両みかん』の番頭さんの悲劇は、目の前のたかだかみかん三房が、お金に見えてしまったところでしょう。それはそれで、たしかに若旦那の命を救ったという値打ちはありますが、よく考えてみると、たったのみかん三房。自分の給金、番頭になるまでの間に積み重ねてきた信用を、「お金には替えられないもの」などと比べてはいけないものなのです。

が、悲しいかな、人類はお金でもなんでも「比べる」ことで成長してきました。

他人と比べたり、過去の自分と比べたりして、涙ぐましく努力を積み重ねて今日の自分に至ったという事実は否定しません。

当の私もワコール勤務時代、九州地区のセールスマンでしたが、「対前年比」という軋轢《あつれき》に耐えるつらい日々でした。そもそも「去年より売り上げは伸びるものだ」という前提に根拠などないのですが、それがセールスマンとしてのインセンティブでもありました。ここで私は「サラリーマンとして稼ぐ年収」という概念を捨て去り、談志門下への入門を決意しました。

落語家になることと会社員を続けることを天秤にかけ、前者を選んで今日に至っているわけです。

きっと、談志の弟子になることは〝私的価値〟そのもので、会社員継続こそ〝市場価値〟そのものでしょう。が、やはり私的価値と市場価値を比較するのは、ナンセンスなのです。

比重を置くべきは、私的価値にこそ

『千両みかん』の噺に戻すと、番頭さんに「俺の働きは、こんなみかんごときと比べものにならないほど尊いものだ」という思いや気概があれば、きっと思い詰めることはなかったろうに、と思います。

私的価値とは、もっとわかりやすく言えば「五歳の娘が作ってくれた初めてのカレー」みたいなものでしょうか。間違いなくプライスレスなはずです。

同じように、自分の働きは自分にしか編み出せないものであるべきで、ここに市場価値（要するにカネ）を介在させてしまうと悲劇しかありません。五歳の娘の作ってくれた初めてのカレーは、すきやばし次郎以上の値打ちがあるはずで、それと同じように、番頭さんの働きは、三〇〇両の値段で取引されたみかん三房とはまるっきり異質なのです。

だから、ウェイトを置くべきは〝私的価値〟にこそなのです。

この辺りは会社などの組織に守られていると実感しにくいものですが、原点に立ち返って、あくまでも「自分のする行為」にこそ、値打ちがあるものとわきまえてみましょう。そうすると、幸福の基準がとても低くなり、人生において幸福感を得る機会は倍増するのではと確信しています。

それにしてもこの番頭さんは、私的価値と市場価値とがごっちゃになるほどまでに、疲弊して追い詰められていたということでもありましょう。

やはりいつの世も、末端労働者かつ中間管理職は苦労するものなのです。この辺りの苦悩は、拙著『落語で資本論』（日本実業出版社）にも書きました。

マルクス的にひと言でまとめると「私的価値に基準を置くと、資本家側から搾取されにくい」のであります。ぜひぜひお読みくださいませ。

壺算《つぼざん》

資本家よりも賢くならない限りは、稼げない

頭の足りない男が、値切り上手と評判の兄貴分のところに、「二荷入りの瓶（壺）を安く手に入れたい」と相談にくる。兄貴分は了承し、「俺が店員とやりとりしているときは、絶対に何も言うな」と男に釘を刺し、瀬戸物屋街へ向かう。

ぼんやりしている主人の店を見つけ、ひとまず「三円五〇銭」で販売していた一荷入りの瓶を、五〇銭負けさせて三円で購入する。

「二荷入りが欲しいのに」と不服な男を尻目に、兄貴分は再度その店に向かう。そして、主人に「瓶を買い間違えた。本来欲しかったのは二荷入りの瓶だから、買い直したい」と伝える。主人に値段を尋ねると「二荷入りの瓶は、一荷入りの倍のお

値段なので七円です」とのこと。そこで兄貴分は、「本来三円五〇銭だったのを三円で買ったのだから、六円でいいだろう」とうまく言いくるめて、主人をしぶしぶ納得させる。さらに、ここからが兄貴分の真骨頂。

まず、先ほど買った一荷入りの瓶を購入したときに払った三円を主人に確かめさせる。次に、先ほど買った一荷入りの瓶を主人に引き取らせて、「値段は三円」と確認する。そして「さっき払った三円と一荷入りの瓶の引き取り代、合わせていくらだ」と尋ね、主人に「六円」と言わせて、二荷入りの瓶を手に入れてしまう。

「へへっ、こっちの思うつぼや」

「売る奴が利口で、買う奴がバカ」

簡単なトリックにいともたやすく騙されてしまうという意味では、めちゃくちゃ深い噺であります。私の場合、兄貴分が「これ、瓶じゃなくて壺だろ?」と主人に言って納得させ、「壺だったら、この壺のおかげで家族が幸せになれたと客に言えば、お前相当儲かるぞ」と、昨今話題の霊感商法のギャグを入れています。

オチは落語家によっていろいろありますので、ぜひお楽しみください。ちなみに私は、桂枝雀《しじやく》師匠の主人を困惑させて思いを遂げた兄貴分の「それがこっちの思うつぼや」が好きです。

さて、この噺の真理は、ずばり「売る奴が利口で、買う奴がバカ」のひと言につきるのではないでしょうか。これはそもそも『かぼちゃ屋』という落語の中で、バカを貫いたカリスマ・与太郎が言い放った名言中の名言です。談志はこれを「経済の原理」とまで絶賛していました。

まさにその通りなのです。そんな『かぼちゃ屋』で与太郎が予言した経済原理を具現化したのが、この『壺算』なのかもしれません。

混迷を極めている日本経済などと、眉間にしわを寄せて経済学者が討論番組で語り合っていますが、経済とは売る側（サプライサイド）が買う側（デマンドサイド）より一枚上手だから成立しているにすぎません。

これをもっと解説的に述べるとするのならば、売る側は「販売するモノやコト」を〝論理的〟に構築して商品を訴えてくるもので、対して買う側は「あ、これほしい」

という情念に基づき、〝感情的〟になって向き合ってくるものだということです。

今日の消費動向を見ていると、「財布のひもが堅い」などと、消費者側に責任やら問題がありそうな言われ方をしていますが、与太郎ならば、「売る奴がもっと賢くならないと」と見透かしてしまうのではないでしょうか。巷《ちまた》にはモノがあふれています。だからこそ、販売側がより狡猾にならないと経済は回転していかないのです。

現代は、買う側が一枚上手なのです。景気のいいお店からその知性の片鱗を学ぼうと、今儲かっている経営者の発想をまとめた本などが軒並みベストセラーになっているのがその証拠でしょう。

そういう意味でこの『壺算』は、買う側の詐欺のような「知性」に、売る側が負けてしまったという構図を示しています。だからこそ、売る側はより一層の賢さが求められるものだよ、という意味にも取れるのではないでしょうか。

お金が欲しけりゃ、賢くあれ

そして「売る奴が利口で、買う奴がバカ」という言葉を俯瞰で見つめると、お金は

「人を利口にも、バカにもしてしまう魔物である」とも受け止められるかもしれません。

カネを稼ぐためには専門的知識が必要なのは当然で、そのために高いお金を払って学校に通うものですが、ラクして稼げてしまうようになると、人間は得てしてバカになってしまうものです。

創業者が苦労して稼いだ財産が、子どもや孫の代になって目減りして没落してゆくケースは枚挙にいとまがありません。まさに「売り家と唐様《からよう》で書く三代目」と江戸川柳で揶揄された光景は、現代にも生きるものです。

そして、さらにマルクスの『資本論』と結びつけてみると、労働力を売っている労働者は「売る奴として、少なくとも労働力を買う側の資本家より賢くなれ」と捉え直すこともできましょう。

労働者が賢くなれば、資本家側もより賢くなって対応していくしかありません。双方が賢くなっていくことでしか、経済は発展していかないものなのかもしれません。

あなたの労働力は売れます。だから、賢くなりましょう。

うーむ、いやほんと落語って深いですよね。

第5章

「生きづらさ」を感じたら

後生鰻《ごしょううなぎ》

正義も行きすぎると悪になるよ

信心深いご隠居が鰻屋の前を通りかかると、鰻屋の主が鰻をさばこうとしているのを見かける。ご隠居は「殺生はいけない」と止めようとするが、主は「お客からの注文でかば焼きをこしらえているんですよ」と言う。「じゃあ、あたしがそれを買って店の前の川に逃がすよ」「まあ、それならいいですよ」ということで、鰻を買い取って前の川にボチャンと投げて「ああ、いい功徳《くどく》をした」と言って帰っていく。毎日毎日ご隠居はやってきて、鰻を買っては逃がす日々が続く。しかし、そのうちパッタリ来なくなってしまった。「どうしたんだろう?」「お前さんが、いけないんだよ。この前なんか小さな泥鰌《どじょう》を鰻と同じ値段で売ったりしていたよ」。

店の主と女将さんがぶつくさ言い合っているところに、久しぶりにご隠居が通りかかる。しめた！　と思った主だったが、こういうときに限って、ちょうど鰻が切れている。「弱ったな、なんか生き物いねえか。あ、その赤ん坊でいいや」と、女将さんが背負っている赤ん坊をまな板に乗せて裂こうとした。これを見たご隠居、

「おいおい、何やっているんだ」

「ええ、お客様のご注文で赤ん坊をかば焼きに」

「ひどいことをするんじゃない。いくらだ」

「二〇〇円です」

「わ、高い！　が、銭金じゃない。あたしが買おう」

と赤ん坊を買って、店の前の川にボチャン。

「ああ、いい功徳をした」

人間の心は極論に走りがち

いやあ、後味の悪い噺ではありますな。亡くなった桂歌丸《うたまる》師匠は、赤ん坊ではなく

女将さんを川に投げ入れる設定にしていましたっけ。

とまれ、この落語から学べる教訓は、「行きすぎた正義は悪になるよ」ということではないでしょうか。

要するに〝原理主義の否定〟であります。生き物を大事にすることはとても大切なことですが、「生き物をすべて大切にしなければならない」という風に思考が凝り固まると、かえっておかしくなるのです。コメだって生き物ですもの。


昨今、ことにSNSでは、「正しいか」「悪いか」の二元論に陥っているような気がしています。コロナウイルスのワクチンをめぐっては、超短期間で世に現れたこともあり、「ワクチン肯定派」と「否定派」との二つに分かれて論議がなされていました。食品添加物も然りです。「完全否定派」と「肯定派」とで真っ二つでした。料理研究家が化学調味料を使っているだけで、炎上に近いような感じで議論が紛糾したものです。

宗教家の釈徹宗先生とは仲良くさせていただいていますが、釈先生に「なぜ外来種である仏教は、日本で浄土宗、浄土真宗、日蓮宗などと独自に進化を遂げたのでしょうか」とお聞きしたところ、「もともと日本固有の土着の宗教と、外から来た仏教がうまい具合にマリアージュしたのでしょう。古来日本人は調和させるのがうまかったのでは」とのことでした。

なるほど、あんパンなんかは見事な調和の食べ物でありますし、そもそもが砂糖醤油的な、あまじょっぱい風味こそ日本人の真骨頂のような気もします。

元来、四季折々の移り行く風情をたしなむメンタリティこそが日本文化そのものでありました。春の芽吹きに夏の日差し、秋の紅葉に冬の雪という情緒あふれる季節感も、昨今の温暖化の影響でしょうか、春や秋など「暑くもなく寒くもなく」みたいな中間点的存在が脆弱《ぜいじゃく》になってしまって、寒い冬の後すぐに夏へ、そして暑い夏の後すぐに冬へとなりつつあります。環境がかような形で二元論化していくのに合わせて、人間の心もなんだか極論に走りがちのような気もしています。

「ゆがんだ正義感」を手放すために

ここで大切なのは〝議論〟ではなく〝対話〟ではないでしょうか。正解を導き出すのではなく、ひとまず相手の言い分を聞くことです。

双方が相手の言っていることをまず「よくよく考えてみたらそもそも」とワンクッション置いてみましょうよ。ワンクッション置いてみて、「なるほどそういう考え方もあるか」という着地点を目指す感じで取り組めばいいのになと願います。

「6」という数字も反対側から見つめれば「9」にしか見えません。よくよく考えてみたらそもそもそう見えるわな、となるはずです。

『後生鰻』のご隠居さんも「よくよく考えてみたらそもそも、赤ん坊じゃないか」というブレーキがかかるはずでしょう。ご隠居さんが落ち着いてそう考えれば、「よくよく考えてみたらそもそも赤ん坊ですよね。すみませんご隠居さん、明日までに鰻を仕入れておきますので」とこの夫婦も納得するはずでしょう。


かように考えてみると、たしかに残酷なオチですが、こういう具合にいくぶん残酷にしておかないと、とかく正論は紛糾するからな、というご先祖さまからの優しい目線も感じてきませんでしょうか。

「よくよく考えてみたら」そう思えてきました（笑）。

宿屋《やどや》の仇討《あだう》ち

自分も相手も、どうせ自分勝手に生きている

神奈川宿の菊屋平助という旅籠に泊まった源兵衛、金八、吉蔵の三人。その旅館に泊まっていた万事《ばんじ》世《せ》話《わ》九郎《くろう》という侍の隣の部屋に案内された。

ところがこの三人が、芸者や幇間らを集めてどんちゃん騒ぎ。あまりのうるささに、世話九郎は店の若い衆・伊《い》八《はち》を呼んで苦情を入れる。伊八が三人に伝えると、隣が侍だとわかり、怒らせるとまずいと、巴寝《ともえね》の形で眠りに入る。しかし今度は、京で観たという相撲の再現をしはじめ、なんと唐紙を破って世話九郎の部屋に足を突き出してしまう始末。またまた世話九郎は伊八に苦情を入れ、伊八は再び三人を静かにさせる。「無礼討ちになるかもしれませんよ」と脅され、今度こそ静かにしよう

とする三人は、「女にモテた話なら静かになる」とひそひそ話を始めた。

そこで、「モテない」とほかの二人からバカにされた源兵衛が、三年前に武士の妻と不倫をし、その挙句、現場を目撃した夫の弟を斬り殺し、その妻もまた刺し殺してカネを奪って逃げて、いまだに捕まっていないと豪語する。すると、ほかの二人が驚き「源兵衛は色事師！」と騒ぎまくってしまった。

この騒ぎに世話九郎がまた伊八を呼び、「実は拙者、三年前妻と弟を殺された身の上、仇を探してのあだ旅だ。隣の源兵衛と申す男がその仇と判明した。連れの者も合わせて三人とも殺す」と宣言。泡を食った源兵衛は真っ青になり「全部草津の湯で聞いた、ほら話だ」と弁明するのだが、世話九郎は全く意に介さない。「あの三人を殺す。取り逃したらこの家の全員皆殺しにする！」とまで言い出す始末。伊八は困り果てて、宿屋の奉公人全員で三人を縛り上げた。

来たる翌朝、伊八は三人の始末をどうするかと世話九郎に問いかけると、

「ああ伊八、あれはウソじゃ」

「え！　なぜそのようなウソを」

「おかげで拙者は、ぐっすり眠ることができた」

人間は、みんな自分勝手

一門の立川ぜん馬《ば》師匠に稽古をつけていただきました。大ネタではありますが、若手からベテランまで頻繁にかけるネタであります。

「泊まっていた部屋の隣がうるさくて眠れなかった」というような思い出は、古今東西誰もが抱いていることなので、共感しやすいのかもしれません。

さて、この落語は、人間は生まれながらにして自分勝手だからこそ、「お互い様の精神」を大切にしましょうというのがテーマではないでしょうか。

この源兵衛、金八、吉蔵の三人は、芸者を呼んだり相撲を取ったり、インチキモテ話をしたりと、〝自分勝手〟に振る舞います。対して、侍も自分の睡眠を取るために、全員殺害するとまで言い切る、〝自分勝手〟で対応したとも言えましょう。

考えてみれば、社会とは、個人それぞれの自分勝手の調整そのものなのかもしれません。

談志は、「人間にとって一番大切なのは都合だ」とよく言っていました。

先ほども語りましたが、若い女性にサインを求められると、「いいかい、いい男と付き合いなよ。いい男ってのは、自分にとって都合のいい男という意味ね」とひと言アドバイスをしていたものでした。お金持ちが自分にとって都合がいいのなら、お金持ちと付き合えばいいし、色男が自分にとって都合がいいのなら、色男と付き合えばいいという意味です。

そして、さらに補助線を引くならば、「自分にとって大切に思えるような物事は、実は自分にとっての都合にすぎない」ということなのです。とてもすっきりしていますよね。

かのように考えると、他人の言動に対して「あいつは自分勝手だ」と言うより、「あいつの都合なのかもな」と思うことにもつながるのではないでしょうか。なんだか、誰に対しても優しくなれそうな気がしませんでしょうか。

このように考えると、ひいては〝お互い様〟という意識も生まれやすくなってくる感じがしてきます。

日本古来の「お互い様コミュニケーション」

それにしても「お疲れ」とか「お互い」とか「世間」に〝様〟をつけるメンタリティって日本独特ではないでしょうか。「見えない相手の心」に敬意を表するという歴史の優しい積み重ねがあったからこそ、日本はここまで発展してきたのかもしれません。

そして他人様の欲望を、自分勝手から都合、都合からお互い様という感じで精製していくことで、社会という人の流れが溜まる泉は清らかになります。かのような作業の総称を、人は「コミュニケーション」と呼んできたのです。

正直世の中は、不愉快、面白くないことのほうが多いはずです。そんなことに出くわすたびに腹を立てるのではなく、「向こうと同じように、自分も自分勝手に思われているかもなあ」と顧みることはとても大切です。

笑っている人の裏には、泣いている人がいます。

騒いでいる人の裏側には、眠れない人がいるものですよ。

堪忍袋《かんにんぶくろ》

ストレスがあるのは当たり前だから、上手に整理しよう

熊五郎は、妻との夫婦喧嘩が絶えない。二人の喧嘩の声を聞きつけた大家が、中国の故事を語って聞かせた。

――何を言われても怒らない男がいた。仲間が彼を料理屋に呼び出し、罵倒してみるが、それでも男は怒らず、ニコニコと笑い、「これで失礼します」と言って家に帰ってしまう。仲間は「さては、家で誰かに八つ当たりをしているな」と思い、こっそり男の家に押しかける。出迎えた男は大きな水がめを指さし、「腹が立ったらこの中に叫んでぶちまけ、蓋をして閉じ込めてしまうのです」と明かす。それが評判となり、男は出世をした――

「お前さんたちも、袋をひとつ女将さんが縫って、それを堪忍袋にしろ。その中にお互いの不満を怒鳴り、ひもをしっかり締めておき、夫婦円満を目指せ」と大家から諭された熊五郎は、妻に袋を作らせ、口をつけて絶叫する。妻も続けて、罵声を袋に吹き込む。不思議なことに、二人の怒りの感情はすっきりなくなる。

そこへ、声を聞いて喧嘩が始まったと勘違いした隣の住人が仲裁に飛び込む。が、夫婦は仲良さげなので理由を尋ねると、堪忍袋のことを熊五郎は明かす。そして、隣人もその袋を借りて罵詈《ばり》雑言《ぞうごん》をぶちまけ、すっきりした顔で帰っていく。

やがて袋は近所で評判となり、袋はパンパンに膨れ上がる。

さて、夫婦が戸締まりをして眠りにつこうとしたところ、仲間が泥酔した様子で転がり込んでくる。「頭にきたから堪忍袋にぶちまけさせろ」「駄目だ、袋がいっぱいなんだよ」「やかましい、貸せ！」

袋をひったくった拍子に袋の緒が切れたものだから、中から「喧嘩」がいっぺんに飛び出してきた。

「○×■○×■○×■………」

あなただけの堪忍袋を

古典落語のようですが、きっちりとした新作落語です。『宗論』などを手がけた益《ます》田太郎冠者《だたろうかじゃ》という粋人の作です。レコーダーというものがこの世に存在する以前から、その到来を予測していたという、いやはや明治時代の知識人の予言力には舌を巻きますよね。

この落語は談志の十八番でもありました。ラストの堪忍袋の破裂するシーンでは、前座が舞台袖から悪口雑言を叫んで盛り上げたものでした。

同時に、この落語が作られた当時から〝ストレス〟というものは存在していたという証明でもあり、なんだか昔の人たちとの距離の近さも感じられるような気もします。今も昔も、人間誰しも不満や悩みを抱えて生きているものなのです。

ここで提案です。

この噺における堪忍袋というものを、枠を広げて、不要なものを手放すための装置だと受け止めてみましょう。

つまり、「あなただけの堪忍袋」を身近に置いてみてほしいのです。

私が最近ハマっているストレス解消法は「推しのライブ」に行くことです。皆さんも、自分の好きなアーティストを見つけ、ライブに通い詰めてみてはいかがでしょう。

私は現在『ニューロティカ』というバンドにはまって、ここ数年追っかけています。芸能界でもファンは多く、一門でも弟弟子の立川晴《はれ》の輔《すけ》君は高校時代からマニアでした。年齢が私より一つ上の同世代のボーカルのあっちゃんの親しみやすさと、ノリのいい旋律、さらには不意打ちを食らわせるようにおり込まれてくる泣かせるフレーズの虜になっております（お勧めします）。

そして、歌もさることながら、今やあっちゃんとは定期的に一緒に飲んだりもする仲となっています。

ライブはそういう意味でまさに「私だけの堪忍袋」の具現化でもあります。音楽系に限らず、スポーツで好きなチームに肩入れするのもいいストレス発散法になるはずでしょう。

好きな歌や好きなチームの選手名を、その場で叫んだりする行為こそ、まさに手放す行為そのものですので、きっとすっきりするはずです。

ただ……。スポーツの場合は、応援するチームがあまり強くない場合、余計にストレスになるケースもありますのでご注意願います（笑）。

ストレスを手放すクセをつける

また、「書く行為」も確実にストレス発散になります。

これは、言いたいことをＳＮＳで単にぶちまけようという意味ではなく、たとえばFacebookなどで公開範囲を「自分のみ」にしてみてはいかがでしょうか。そのまま外に出してしまえば、周りから冷たい目で見られたり、誹謗中傷になったりしてしまう可能性があります。しかし、設定を工夫して、きっちり吐き出せば大丈夫です。

そして何日か経ち、改めて読み返してみると「ああ、こんなことで腹を立てていたのか」と冷静になって顧みることにもなり、それが積み重なれば、自分の成長の印ともなるはずです。もちろん、日記でもいいでしょう。

要するに「合法的堪忍袋」を身近に携えておき、ストレスを手放すことに慣れておけば、このストレス増幅社会は乗り越えられるのではという提案です。

ここまで書いてきて改めて気づきましたが、私の場合の一番のストレス解消法は、こうして本を書くことだったということでした。

いやあ、それも売れないと、もっと強いストレスになりますので（笑）、皆さまお願いですから、この本もご宣伝よろしくお願いします。

心眼《しんがん》

知らなくていいことまで、知ろうとしてないかい？

按摩《あんま》（マッサージ師）をしている目の不自由な梅喜《ばいき》が、泣きながら帰ってきた。女房のお竹が「お前さん、弟の金さんと喧嘩をしたね？」と尋ねると、弟の金さんに借金を頼みにいったところ、目が不自由なことを罵倒されたと明かす。お竹になだめられて床についた梅喜は、翌日から薬師様に二一日の日参を決行する。

そしてようやく満願の日、お堂の上で会った上総《かずさ》屋の旦那に言われて自分の目が開いていることに気づいた。目に映るものの美しさに歓喜する梅喜。

しかし、そこで梅喜は、女房のお竹が「人三化け七」よりもひどい「人無し化け十」の不器量だと聞かされて落胆する。一方で、梅喜自身は役者にもないくらいの男前

であると判明。さらに、「芸者の小春が梅喜に惚れている」と知って喜ぶ。そして上総屋がいなくなったところで、東京で指折りの美人という芸者の小春が現れた。小春は梅喜の目が開いたことを喜び、待合茶屋で梅喜にご馳走するということで二人きりになる。そこで小春から告白された梅喜は、お竹と別れて小春を女房にすると宣言。すると、それを聞いたお竹が激怒。突然目の前に現れて、梅喜の首を絞めた……。

「お前さん、どうしたんだい？　うなされていたよ」

お竹に起こされる梅喜。すべて夢だったのだ。

「盲てなあ、妙なものだねぇ。寝ているうちだけ、よーく見える」

目に映るものは差別の対象になる

先代桂文楽《ぶんらく》師匠の名演が光ります。この落語は、私が大学の落研時代でしたか、「わせだ寄席」で当時若手真打ちとしてバリバリにやっていた柳家さん喬《きょう》さんから聞きました。いやあ、心を鷲摑みにされましたっけ。あまりの迫力にビビるほどでした。

さて、この落語は「見えている時点で、すでに差別やいじめの芽があるんだよ」とさりげなく言い切っているのではないでしょうか。落語が説教くさくなくていいなあという根本が謳われているのではと確信します。

ともすれば、人間は「私（だけ）は差別はしていない」などと思いがちですが、すでに見えたり聞こえたり、当たり前を当たり前にできていると思っている状態のときに、それらの方面にハンディのある人たちを差別しているのかもしれません。

いや、そういう具合にセンシティブに受け止めていたほうが、ケガのリスクは少ないのではないでしょうか。そもそも見えている段階で、美醜の判別を無意識のうちにしてしまっているものなのです。

だとすれば、「知らないほうがいいこともある」はずでしょうし、もっと言い切ってしまえば「見えることは善でもなんでもない」とも言えるのではないでしょうか。

あらゆる情報が見えてしまう現代で

前座時代に住んでいた大泉学園で、Yさんという目の不自由な方と仲良くなりました。たまたまYさんが横断歩道を渡るとき、私が声をかけたのがきっかけでした。それから生活のリズムが似ていたせいか、また帰る方角も一緒だったこともあり、よく駅でばったりと会ったものでした。

その日の私は師匠にこっぴどく怒られ、落ち込んでいました。不貞腐《ふてくさ》れながら改札を出ると、ちょうどYさんも改札を出たところだったので声をかけました。すると、「ワコールさん、何かありましたか?」と逆に聞かれたのです。

「え、わかりますか?」「いつもより声に元気がなかったもんで」。なんだかとてもうれしくなったもので、その後、駅前の居酒屋で一杯付き合ってもらいましたっけ。

視覚を制限された環境で毎日暮らしているYさんの聴覚たるや、ものすごいものでした。その研ぎ澄まされた感性に私が救われ、元気づけられたのです。

ビールを飲みながら私のグチをしばし聞いてもらう格好になりました。聞けばYさんは鍼灸師《しんきゅうし》とのことで、いつも患者さんの聞き役を務めてもいたとのことでした。

前座の頃の一コマでしたが、とても懐かしく、さまざまな人に支えられていたんだなあと、思い出を噛みしめています。

文明は健常者を前提に作られているものです。「より速く伝達しよう」とか「より便利にしよう」とか、これでもかと追いまくるように、文明がアクセルになるのは必然かもしれませんが、もしかしたら「知りすぎて幸せか」「見えすぎて幸せか」とのブレーキ役を仰せつかっているのが、文化の役目なのかもしれません。

もしも、あなたが今日に生きづらさを感じているのなら、文明がもたらす強迫観念に振り回されてしまっているのかもしれませんよ。

一度、文化の視点から、「自分が本当に幸せと感じるもの」を改めて考えてみてほしいと思うのです。

そして私は、前座という修業期間がなかったら、Yさんの凄さにも気づかないまま日々を送っていたのは間違いないのですから、やはり下積みは大事だったのかもなと、徒弟制度の妥当性をも感じる次第です。

以来、街角で白い杖の人がいたら、ひとまず声をかけるようにしています。

Yさん、その節はありがとうございました。

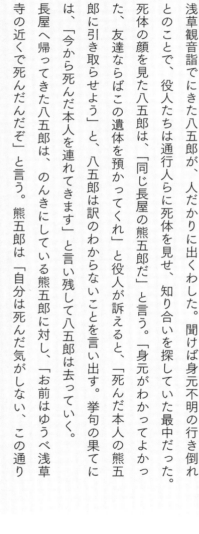

粗《そ》忽《こつ》長《なが》屋《や》

主観と客観のズレに気づけているかい

浅草観音詣でにきた八五郎が、人だかりに出くわした。聞けば身元不明の行き倒れとのことで、役人たちは通行人らに死体を見せ、知り合いを探していた最中だった。死体の顔を見た八五郎は、「同じ長屋の熊五郎だ」と言う。「身元がわかってよかった、友達ならばこの遺体を預かってくれ」と役人が訴えると、「死んだ本人の熊五郎に引き取らせよう」と、八五郎は訳のわからないことを言い出す。挙句の果てには、「今から死んだ本人を連れてきます」と言い残して八五郎は去っていく。

長屋へ帰ってきた八五郎は、のんきにしている熊五郎に対し、「お前はゆうべ浅草寺の近くで死んだんだぞ」と言う。熊五郎は「自分は死んだ気がしない、この通り生きている」と反論するが、「お前はそそっかしいから、死んだことに気づいていないだけだ」などと八五郎も言い返す。しまいには、熊五郎は自分が死んでしまったことに納得し、二人して浅草寺へと向かう。

浅草観音に着いた熊五郎は、死人の顔をじっくり見て「間違いなく俺だ」と言う。「ああ、俺が死んだ、俺が死んだ」と泣きわめく熊五郎。役人たちは意味がわからずあきれ果てるのみ。八五郎は、遺体は本人が引き取ると言って、熊五郎に死体を抱かせる。死体を長屋へ連れて帰る途中、熊五郎は八五郎に言い放つ。

「どうもわからなくなった」

「なにがだ」

「抱かれてるのは、たしかに俺だが、抱いてる俺は、いってえ誰だろう?」

激しい思い込みはNG

これは談志の十八番中の十八番でした。とんちんかんな人同士のとんちんかんな会話のオンパレードで、この落語をきっかけに、談志は「イリュージョン落語」へと舵を切っていったのかもしれません。

死体の顔を見に行って、「これは俺かなあ」とのんきにつぶやく熊五郎に対して「だからいつも俺が鏡を見ろと言っているだろ。俺なんか毎日鏡で自分の顔を見ているからな、向こうから俺がやってきても、あ、あれは俺だってすぐわかるんだ」という八五郎の名セリフに、毎回爆笑の渦が起きたものでした。


さてこの落語は、「主観と客観のズレに気づけるかどうか」を具現化した落語ではないでしょうか。談志はこの落語を「主観長屋」とも呼び、主観の強い奴の言動をカリカチュア（風刺）していました。

さらに我々がここから教訓として見つめ直すならば、「激しい思い込みはＮＧで、自分を俯瞰する目を持ちましょう」ということの戒めでしょう。

かたや、談志はとても主観の強い人でした。入門当初はその存在が怖く、さらには私がビビりだったもので、談志の前では緊張のあまり信じられないしくじりを何度も繰り返したものでした。結果として、「ワコールは使えないドジな奴だ」という刷り込みが行なわれ、とても難儀したものでした。

が、そんな私でも、たしかに前座突破は九年半もかかり、「使えないドジな奴」と判断されましたが、二つ目から真打ちになるまではその不器用を極める形で、無骨に「踊りを五曲覚えろ」と言われたら倍の一〇曲覚え、「唄を二〇曲覚えろ」と言われたら四〇曲覚えて、逐語《ちくご》的にならず邁進していきました。すると「あの使えないドジな奴がここまでやったのか」と、いい意味での「ギャップ萌え」となったらしく、二つ目昇進から四年強で念願の真打ち昇進を果たすことができました。

主観的な相手には客観的に

よく談志は自嘲気味に「俺はそそっかしいからな」とは言っていましたが、これは今振り返ると「俺をその気にさせちまえばいいんだ」というウィークポイントの暴露でもあったのかもと述懐しています。

逆に言えば、そんな「思い込みの激しい上司」に対する向き合い方としては、自慢のように聞こえたら素直に謝りますが、私は〝自分を俯瞰する目〟を持ったからこそ、活路を見出せたのだとも言えるのかもしれません。

大概、ワンマン社長や凄腕の経営者というものは決断が速いものです。その決断力は思い込みの激しさが伴う場合もあるはずでしょう。そんな相手に対しては、愚鈍ながらも地道に不器用に物事に当たるという当時の私のような差配は、きっと功を奏すのではないでしょうか。

「激しい思い込みはＮＧ」と自らを戒めつつも、かような塩梅で邁進するのがカリスマ的トップなのですから、それに対する行動としては〝自分を俯瞰する目〟を持つしかありません。大概、人間は主観におぼれがちなものです。なかなか、客観の境地は難しいものです。

では、どうすれば〝客観的目線〟が涵養されるのでしょうか。

これは耳が痛いほど、周囲にいろいろ言われるしかなさそうです。「ああ、俺はそう見られていたのか」と。

つらいでしょうが、でも、です。がっかりして落ち込んだときこそ、客観的視点をゲットしたのだと思い直しましょう。「チャンスはピンチの顔をしてやってくる」とはそういうことなのですよ、きっと。

前を向きましょうよ。

たがや

周囲の人の発言なんて、基本的に無責任だよ

両国の川開きの花火見物。両国橋は大勢の人でごった返している。花火が上がるたびに「玉屋《たまや》〜!」と観衆のかけ声が飛ぶ。そこに、桶のたが(枠)を作る職人・たが屋が通りかかるが、人々に揉まれてあちこち振り回された挙句、道具箱を落としてしまう。その衝撃で中に入っていたたがが弾けて、同じくそこを通りかかった侍の笠を弾き飛ばしてしまう。たが屋がどんなに謝罪しても、侍は許さない。判官《ほうがん》びいきの観衆は「たが屋頑張れ!」の大声援を送る。たが屋はその声に乗り、斬れるものなら斬ってみろと開き直り、共侍《ともざむらい》二人をやっつけてしまう。観衆は大盛り上がり。「たが屋は俺の親

戚！」と言い放つ奴まで出てくるありさま。

とうとう馬上の侍が槍《やり》を手に、たが屋を手討ちにしようとするが、その槍をたが屋に摑まれてしまう。すると、侍は槍から手を離して刀で斬りかかる。両者同時に相対したが、結果侍のほうが一枚上手で、たが屋の首が斬られてしまった。

たが屋の首がスパーンと中天に飛び、それを見ていた見物人たちが言う。

「たが屋〜！」

「騒げればどっちでもいい」のが大衆

大概は「侍の首が切られて、たが屋〜」という形で終わりますが、談志流ですと、たが屋の首が切られる形です。

ずっと「たが屋頑張れ！」と応援していたのにもかかわらず、ラストでたが屋がやられてしまっても一切たが屋に同情することなく、非情にも「たが屋〜！」と騒いでいるという〝大衆の無責任〟として談志は演出していました。

騒げればどっちでもいい。これが大衆なのでしょう。

『多分そいつ、今ごろパフェとか食ってるよ。』（Ｊａｍ著・サンクチュアリ出版）という本がヒットしましたが、そもそも他人なんて自分にそれほど関心はありません。何度かネットで私も炎上を経験しましたが、向こうは無記名で石を投げてくるだけで、いや石を投げたいだけで、何も考えていないものです。

だからこそ、周囲からの評価なんて一瞬だけのもの。よって「最後の決断は自分でしましょう」という具合に考えてみたらいかがでしょうか。

この落語の花火見物の観衆こそ、まさに「ネット民」であります。

この落語で大好きなところは、大衆が「たが屋、悪くない！」と声を上げた途端に首を下げて、侍からの怒りの視線をかわすシーンです。「人間誰しも、安全な立ち位置からでしかモノは言えない」という、未来のＳＮＳの登場を予言しているかのような先進性をこの落語に感じてしまいますよね。匿名性にあぐらをかけば、誰だって一人前のことは言えましょう。

談志は、落語界初の国会議員になりました。沖縄開発庁政務次官になったとき、

「沖縄の失業率を知っているか」と野党から突っ込まれました。そのとき「てめえで調べろよ」と言い放ったそうです。いやあ、いまなら確実に炎上案件のような発言を繰り返していたものです（昨今の政治家の失言なんかかわいく感じますよね）。

また、ある日の街頭演説で、名もなき一般聴衆から「お前なんか国会議員になれるわけがない！」と罵声を浴びせられました。談志はすかさず「あなたより可能性はあります」と言い返したそうです（カッコいいですよね）。

生意気を絵に描いたような人生を走りつづけてきた人でしたが、かのような罵声を浴びせてくる人間の心を見透かしていたようにも思います。

嫉妬される人ほど、自分を貫いている

ディスりの大半は、嫉妬なのかもしれません。

自分と他人との歴然とした差は、本来努力で埋めていけば成長できるはずなのに、談志は「芸人なんて、そもそもが嫉妬の塊みてえなもんだ」とよく嘆いていたものです。そんな芸人たちのマイナス感情を、若いときにいやというほど浴びてきた談志が

誰にも影響を受けずに自分の遺伝子を残したいとの想いで、命がけで作り上げていったのが立川流なのかもしれません。今振り返ると、前座時代に感じていた厳しさは、その裏づけとなる覚悟の度合いを求めたものだったゆえ、当然だったのではと教えを嚙みしめています。

長い人生では、誤解も含めて、あなたも何か悪く言われたりするときがあるかもしれません。そんなときには思い詰めることなく、談志の落語を聞いてみてください。「談志なら俺の気持ちをわかってくれる」という感じで頼ってみましょう。

そして、そんな談志の落語を分かち合えるような友を一人見つけてみましょう。必ず一人ぐらいはいるはずです。よく談志は「俺のファンは、世間に受け入れられない頭のいい奴が、傷口なめ合う感じで落語を聞きにくるんだ」とまで言い切り、ファンを大切にしていたものです。かつては私も、そんな中の一人でした。

自分流を貫く皆さん、談志そして談慶をくれぐれもよろしくお願いします。舞台でお待ちしています。

繰り返します。あなたにとっての〝大衆〟からの評判は、無視しても大丈夫ですよ。

長短《ちょうたん》

忙しない時代だからこそ、マイペースで

気長な長さんと気短な短七は、性格は真逆にもかかわらず、子どもの頃から気の合う友人同士。

ある日、長さんが短七の家へ遊びにくる。戸の前でウロウロ、中をのぞいたりしている長さんに対して、短七はじれったくてしょうがない。戸を開けて長さんを引っ張り込んで、饅頭を食えと勧める。しかし、饅頭を食べはじめた長さんは、いつまでも口の中で牛みたいにくちゃくちゃやっている。見かねた短七は、丸飲みの見本を見せるが、のどに詰まって目を白黒させている。

今度は長さん、煙草《たばこ》に火をつけようとしたが、なかなかつかない。短七は見ている

だけでイライラしてくる。やっと火がついて吸い出したが、長さんののんきな吸い方に我慢ができない。短七は見本を示そうと、「煙草なんてものは、こうやって吸って、こうやってはたくんだ」と気短に煙草を吸うのだが、そのとき火玉が袖口からすぽっと中に入ってしまった。気がつかない短七に長さんは恐る恐る、

「短七つぁんは、気が短いから、人に物を教わったりするのは嫌えだろうね」

「ああ、でぇ嫌えだ」

「俺が、教えても、怒るかい？」

「おめえと俺とは子どもの頃からの友達だ。悪いとこがあったら教えてくれ。怒らねえから」

「ほんとに怒らないかい……？　なら言うけどね、さっき、短七つぁんが威勢よく叩いたうちの一つの火玉で、着物の袂《たもと》に入ったのがあって、煙がモクモク出てきて、だいぶ燃え出したようだよ。ことによったら、そりゃあ、消したほうが……」

「バカ野郎！　何だって早く教えねえんだ。こんなに焼けっ焦がしができたじゃねえか！」

「ほおらみろ、そんなに怒るじゃあねえか、だから教えねえほうがよかった」

自分なりに、情報の取捨選択を

寄席で短い時間のときなどに頻繁にかけられる噺の一つです。

この二人、両極端ですが、人には人の生まれつき持っている「ペース」があるものだとわきまえたくなる一席です。その基本的な「ペース」こそ肝心で、だからこそ周囲からけしかけられるような情報に振り回されないほうがいいよと、この落語は訴えているのかもしれません。


とにかく、この世は〝情報過多〟です。各種媒体に記事を書くのも生業にしている私が言うと説得力がないのですが（笑）、ネットでは書いた記事を全文読むために、たくさんの広告をいくつ素通りしなきゃいけないのかと思うほどであります。

落語を聞いてのんびりできるのは、基本的に落語の登場人物は、この『長短』のように「のんき」だからではないでしょうか。短七だって短気に見えますが、長さんと仲がいいというのは基本「のんき」だからではと確信しています。

「座って半畳、寝て一畳、天下取っても二合半」とはよく言われる言葉ですが、いくら情報が過密になり、追い立てられても、人間には「分」があるはずです。

自分の持ち前の「分」というペースを超えてまでも入ってくる情報は、基本無視していいのではと思います。もう最近「ある有名なサングラスのブランドのコマーシャル」がしつこすぎて、本来優秀なサングラスであるはずなのに、「色眼鏡」で見えてしまっています（あ、ここ笑うところですから）。

教わるよりも、自分で考えてみよう

そして、この落語は「キャラとかタイプの違う者同士って、案外うまくいくもの」という真理をも示唆しているのではと思うのです。

私が芸人としてふざけたことばかり言う日々なのを、いさめる立場で日々財布のひもを固く握っているのがカミさんです。タイプが違うから長つづきしているのかもです。談志と談志の女将さんも、性格もキャラも真逆でしたから、長年円満に添い遂げられたのかもしれません。

人間同士の見事なサンプル提示としても、この噺は機能していそうです。

そして、何より、この落語のオチ「教えないほうがよかった」は談志が惚れこんだ名言中の名言であります。

「世の中、教えすぎなんだよ。教えないほうがいいんだよ」とはよく言っていたものでした。談志は「俺は勝手に発信しているだけだ。感受性の強い奴なら受信する」と言い、「俺は教師ではない。教えるのは仕事ではない」と続けていました。

懇切丁寧に教えたとしても、結果として弟子は受け身になるだけです。修業とは、受信者である弟子の積極性に軸がないと、芸は得てして身体に入っていかないものであります。

「知識を伝える教育」から「相手の力を引き出す教育」へ。現代の教育が目指す、子どもたちが自ら学んで行動する授業のコツは、談志門下で経験した前座修業にあったのです。この辺りの機微をベースに、学校の先生向けに『落語流 教えない授業のつくり方』（玉置崇《たかし》 共著・誠文堂新光社）という本も書きました。

教えるのではなく、考えさせる。ひとまず情報過多から逃げましょう。

本膳《ほんぜん》

「人のせい」にして、恥をかいてみよう

ある村の婚礼の席に村の連中が招かれ、本膳料理が振る舞われることになった。一同、美味い料理を食べられるのはうれしいが、本膳の礼儀作法を知っている者が誰もいない。これでは恥をかいてしまうと話し合い、「手習いの師匠なら、もとは侍だから、本膳の食い方ぐらい知っているだんべ……」ということで、師匠の家に出かけた。師匠は「いちいち教えてはいられないので、私のするとおりに真似なさい」と言うので、村人も安心してみんなでそろって出かけていく。

さて、いざ本膳の席となり、師匠を先頭に村人が横一列に並び、師匠の一挙手一投足を隣の者が順次真似ていくのだが、徐々に破綻してゆく。

師匠が里芋を箸に挟もうとして、畳に転がしてしまい、何度やっても失敗してうまくいかない。すると、隣に座る村人が、師匠のやることを真似ねばと、里芋を挟んでお膳に落とし、箸で突いて畳に転がした。さらに隣の者も右へ倣えで、あちらこちらで芋が転がっていく。

師匠の鼻にごはん粒が二つ付いているのも、隣の者は真似する始末。あきれ果てた師匠が、何をやってんだと、ひじで隣の者の横っ腹を突いた。それが次々と続いて、末席にいた者が隣を突こうとするが誰もいない。

「お師匠さま、このひじはどこへやるだんべ」

「正しい」を疑ってみる

短い落語ですが、よくありがちなスケッチとなっている名作であります。

この落語はなんだか思い切って「人のせいにしてみてはどうか」と訴えているような気がしています。プライドやら正義感という自分を締めつけるものから、少しだけ脱却してみてはどうかという提案のようにも思えてくるのです。

そもそもマナー講座たるものなども含めて、相手の発言が「本当に正しいのか」なんて、正直誰にもわからないものです。誰にもわからないものだとしたら、強めに言ったり威厳を持ちながら言うことで、かろうじて「正しい」と思わせているだけではと、疑ってみることって案外大切な気もします。

この落語に接するたび、前座時代の自分の迷走を思い出します。歌舞音曲のうち唄でいつまでもつまずいていた私でした。この本でも以前述べましたっけ、小唄の先生をお手本に歌うのはその教室でなら正しいのでしょうが、あくまでも談志が弟子に求めていた基準は「落語家が落語の中で歌うトーンでいいんだ」ということでした。そのあたりの微妙なラインになかなか気づけず、ずっと空回りしていました。

落語家は美声でなくてもいいのです。その持ち前の地声に合わせて歌う自然な発声を談志は二つ目、真打ちへの昇進基準にしていたのです。ボイストレーニングに通うことで自分の声を意識し、やっと談志に苦労が認められたときには九年半が経っていました。

談志はそんな私に「俺がここまで来られたのは、教えてくれた奴のダメさ加減に気づいたからだ」と言い放ちました。これは決して教えてくれた側の否定ではなく、

「疑いもなく受け入れることはするな」というメッセージそのものでありました。

恥をかいた数だけ、成長できる

私もあのとき、そんな境地に達したのは、ある意味〝人のせい〟というか、〝談志のせい〟にしてみたからだったのかもしれません。「自分の歌い方」に固執するような狭い価値観やプライドに拘泥したままだったら、ずっと前座のままだったでしょう。

ずばりこの落語に即して言うなら、「師匠の真似をして芋を転がらせ続ける」ことも、私の前座時代のように「歌い方でつまずく」ことも、物事を極めようとするならば、決して無駄ではないよという優しい響きのように聞こえてきませんでしょうか。

失敗したら、時に誰かのせいにしたって構わないのです。後になってみればみんな大切な思い出話になるはずなのですから。上達するためには最短ルートなどありません。しくじって、怒られて、笑われて、そして泣きながら成長していきましょう。

私もまだだうまくなりたいので、そんな日々を送っています。

恥はどんどんかきましょうぜ。

動物園《どうぶつえん》

「どうして自分だけ」なんて考えなくていい

仕事がなく、どんなことも長つづきしない男が、「昼食・昼寝つき一日一万円」の仕事を紹介してもらう。移動動物園で虎の皮を着用して、うろうろするだけでいいという。人気の虎が死んでしまったので、虎の毛皮をかぶって虎になりすましてほしいとのことだった。「こりゃ楽だ」と、男は簡単に引き受ける。

いざ開園時間になり、多くの観客が虎の檻にやってきた。男は、子どもをからかったりして時を過ごす。やがて、やはりいつもの癖で退屈になってきた。

そんな中、いきなり司会者が現れた。そして「虎とライオンの猛獣対決ショー」を開催すると告げられる。「そんなアホな、そんな事聞いてやへんぞ！」と、慌てふためく男の檻に、大きなライオンが入ってきた。

ライオンは、余裕綽《しやくしやく》々の足取りで男に近づいてくる。

「もはやこれまでか……」

と思っていると、ライオンはうなり声を上げながら男の耳元でささやいた。

「心配するな、俺も一万円で雇われた」

あなたは絶対に一人じゃない

上方落語由来の噺です。二代目桂文之助《ぶんのすけ》の作とのこと。虎の歩き方などの仕草もおかしいので、学校寄席でも頻繁に口演されています。

さて、この落語はなんといってもオチが〝救い〟となっています。

人生において「もはやこれまで」というセリフを吐きたくなる場面はいろいろあるはずかと思いますが、このオチこそ「自分と同じ境遇や悩みを抱えている人はたくさんいるよ。君だけじゃないから」という天からのメッセージなのでしょう。

このオチに触れるたび、「どうして自分だけ」という考えは捨ててしまおうと思えるのは、私だけでしょうか。

人間はいくつになっても「君は一人じゃないよ」と、あらゆる角度から言われたがっている生き物なのかもしれません。

拙著『落語で資本論』は、編集者と盛り上がって、「『資本論』なんかは資本主義のシステムエラーを描いたものですから、元来人間はダメなものだと言い切っている落語とは親和性がめちゃくちゃあるはずです。落語で簡単にアプローチできますよ」と酔っぱらった勢いで語り合ったことが起点となって書き終えました。とても難儀し、数年がかりの大作となりましたが、マルクスが資本主義創成期のイギリスで、過酷な労働に駆り出されていた子どもたちの窮地を救うために書いたことを思えば、やはりこれも「労働者諸君、皆は一人じゃない」という熱いメッセージそのものだったとも言えましょう。

「あなたは一人じゃない」というメッセージは「あなたの抱いている苦悩は、我々も一緒で、同じ苦悩を背負っているのですよ」という意味でもあり、つまりは「分散させよう」宣言でもあります。本書で述べてきました、苦労の〝割り勘発想〟です。

つまり、今回の本の最後にふさわしい噺こそが『動物園』とも言えましょう。

悩みは抱え込まず、巻き込むもの

『資本論』でいうならば、権力者（資本家）側は労働者を孤立させていくものです。孤立させてしまえば、労働者は資本家側に頼らざるを得なくなります。

かように逃げられない環境を前提にしてしまうのが資本主義で、マルクスはそれを「包摂」と呼びました。一度動き出したら止まらない制度が資本主義で、それに取り込まれてしまう感覚を指しています。だからこそ、労働者は団結して分散しましょうというのが『資本論』のざっくりとした意味合いです。

いつの時代も、敵は自分を「孤独にさせよう」と向かってくるものです。巷でよく言われる、いわゆる「パワハラ」ももとをただすと、資本主義という制度由来のものですから、そう簡単になくなるわけなどありません。ただ、マルクスは決して「革命を起こせ」などという極論を言ってはいません。むしろ「類としての成長」という言葉を用いて、「資本主義によって労働者も成長する」とも言い切っています。

そして、何と言っても資本主義は変わりません。いや、たしかにこの国は歪《いびつ》な部分はありますが、それでも紛争が続いているほかの国々に比べたら、まだ幸せなのかもしれません。だからこそ、すべてをぶち壊すのではなく、まずは「同じ価値観を持つ仲間」を増やしていきましょう。

過酷な目に遭ったら、一人で背負い込むのではなく、「ひでえよ、俺こんな目に遭っている」と周囲に気を遣わず憂えてみましょう。すると「まじか、おい、シャレにならねえな」「わ、本当だ」と言い合える仲間が増えてくるはずです。

コミュニケーション力とは、そういうときに生かすべきものです。背負い込むのではなく、巻き込む感覚です。そんなとき、同じ落語で笑える仲間、そしてその後の打ち上げで一緒に飲める仲間は、きっとあなたの力になってくれるはずです。

「もうだめだ」と思ったら、ライオンの着ぐるみを着た友人が近づいてきて、励ましのメッセージを授けてくれるときだと思いましょう。

苦しいのは、あなただけではありません。だから、打ち明けていいんです。

そして、誰かが悩みを打ち明けてきたとしたら、この落語のオチのように「心配するな。俺もそうだよ」とつぶやいてあげましょう。その姿勢が、相手のみならず、あなたをもきっと救うことになるはずです。

おわりに　〝正解〟は落語になんかない

ここまでお読みいただきありがとうございました。

いやあ、とにかく百人組手のような向き合い方でした。

いかがだったでしょうか？

今回は、私にしてみれば子どもにあたる世代の若い編集者さんと、タッグを組ませていただきました。世代はもちろん、歩んできた背景も背負ってきた過去も、向き合うべき今の道もまるで異なる方から繰り出される率直な疑問に答えていくうちに、一冊の本が仕上がった形でしょうか。

一つずつ、賽《さい》の河原で石を積み上げるがごとく、今日の皆さまの抱きがちな悩みについて答えていくうちに、「時代はどんどんまじめになってしまっているのかもなあ」と想像しました。

このことは、昨今叫ばれている「中間層のやせ細り」につながっているのかもしれません。

二極化が激しい時代で

「勝ち組」「負け組」と、社会が二極化して久しいとまで言われています。

本来は「引き分け組」が大半だったのが、社会のゆとりにもつながっていたはずなのに、今や所得格差が拡大し、「一部の富裕層」と「大多数の貧困層」という分断化が叫ばれています。超富裕層五人の総資産は、二〇二〇年では四〇五〇億ドル（約五九兆円）でしたが、二〇二四年一月一五日ではなんと八六九〇億ドル（約一二六兆円）へと倍増しました。一方、世界の六割を占める貧困層約四八億人の資産は減少してしまっているとのことで、世界の富豪トップ八人の資産は「貧困層三六億人分」と同じとまで言われています。

経済学的な中間層が撃滅してしまったことは、社会における中和的な立場の人たちもいなくなったことを意味しているはずです。核家族は都市生活の機能重視の果てに生まれたスタイルですが、「ご隠居さん」などの存在を追いやってしまいました。「俺は正しい」「私のほうが正しい」と言い合うだけで「まあまあ」と言ってくれる、落語によく出てくる「仲裁は時の氏神」のような人たちがいなくなりました。

ネットでも「正しいか」「正しくないか」の極論ばかりが目立ち、「自分以外は間違っている」と考えてしまいがちな風潮になってしまっています。

すべて、文明のなせる業でしょう。文明こそが幸せをもたらすものだと、近代以降の人類はそれを妄信し、その走狗《そうく》となり、すべての分野において競争原理を導入することで、一定の効果はたしかに確保しながらここまでやってきました。

結果、かつてないほどの低成長社会がもたらされたばかりではなく、その末路としての環境破壊が叫ばれ、その象徴として災禍となったのが東日本大震災時における原発事故であり、そして近年世界中を襲った新型コロナウイルスでした。

新型コロナウイルスは、落語家の仕事を撃滅させました。対面での商売こそ落語家の真骨頂でもあったからです。経済面において大打撃を食らったばかりではなく、私は二度も感染し、つくづくこの病の奥深さにひれ伏したのみでした。

そして、二度ほど臥せってみて、しばらく考える猶予をもらった格好で、落語について ずっと追求してみた結果、至った結論は、「正解は落語になんかない!」という極めてドライなものでした。

悩みを消し去るヒントは、あなたと落語の間に

「え？　今更何を言うんだ？」と思った方、まあ、お聞きください。

ここで私は、「落語の限界性」を唱えているのではありません。

では、「正解が落語にない」というのは、どういうことでしょうか？

つまりは真の正解は、

「落語とこの本をここまで読んでくださったあなたとの間にある」

ということなのです。

これは、落語に救いを求めてはいけないという意味でもあります。

やはり正解は、落語と皆さんとの間にあるはずで、もっと言うと、落語を聞きながら、悩みながら、もがきながら、笑いながら発掘していく行為そのものが〝正解〟なのでは、ということなのです。落語は江戸の古《いにしえ》より、そんな立ち位置だったからこそ、ここまで生きながらえてこられたのではないでしょうか。

つまり、我々のご先祖さまたちは、「その時代のそれぞれの価値観と落語とのすり合わせ」の妙味にこそ、目指すべき道を見つけようとしてきたのでは、と。

だとしたら、その例に倣って、我々もそうするべきなのではないでしょうか？

つまり、その時代その社会で正解も変わるもので、だからこそそれを受け入れていくしかないのです。

そして、そんな小さな積み重ねこそが、今後「やせ細った中間層」に栄養を与えていくことにもつながり、結果として、社会はしなやかで強靭になっていくものではと推察しています。

笑って楽しめば、ええじゃないか

時代によって、反応やウケが違ってきます。

落語家の鉄板のマクラ「老人ホームで落語をやったら、半分は耳が聞こえなくて、半分は笑う気力がない」は、かつては摑みとして爆笑をさらったものでしたが、実際超高齢社会で介護が日常になると、かような「笑えないご老人」が身近にいる方は笑っている場合などではなくなります。

「歌は世につれ、世は歌につれ」と同じで「笑いは世につれ、世は笑いにつれ」なのです。世間は変わり行くものだとわきまえる「センシティブさ」は落語家の肝で、いや、こういう感受性を系譜として代々受け継ぐことで、落語家も落語も命脈を保ってきたのでしょう。

だからこそ、あなたの今の感受性に応じて落語を楽しんでいただきたいのです。

そのためのガイドブックとしてこの本は機能してくれるはずです。

テストに出る大切なことですから、改めて繰り返します。

現代における悩みを消し去る〝正解〟は、あなたの側にはありません。落語の側にもありません。それは、落語とあなたの間にあるのです。

どうぞこの本を片手に、この面倒くさい世の中をくすっと笑いながら、生き延びてください。

笑えば、悩みは消えるはずです。

ええじゃないか、それが落語なのだもの（談慶）。

ここまでお読みいただき、ありがとうございました！

立川談慶

落語《らくご》を知《し》ったら、悩《なや》みが消《き》えた

著　者——立川談慶（たてかわ・だんけい）

発行者——押鐘太陽

発行所——株式会社三笠書房

〒102-0072 東京都千代田区飯田橋3-3-1
電話：(03)5226-5734（営業部）
：(03)5226-5731（編集部）
https://www.mikasashobo.co.jp

印　刷——誠宏印刷

製　本——若林製本工場

ISBN978-4-8379-4003-6 C0030
© Dankei Tatekawa, Printed in Japan

＊本書のコピー、スキャン、デジタル化等の無断複製は著作権法上での例外を除き禁じられています。本書を代行業者等の第三者に依頼してスキャンやデジタル化することは、たとえ個人や家庭内での利用であっても著作権法上認められておりません。
＊落丁・乱丁本は当社営業部宛にお送りください。お取替えいたします。
＊定価・発行日はカバーに表示してあります。

三笠書房

心配事の9割は起こらない
減らす、手放す、忘れる「禅の教え」

枡野俊明

心配事の〝先取り〟をせず、「いま」「ここ」だけに集中する

余計な悩みを抱えないように、他人の価値観に振り回されないように、無駄なものをそぎ落として、限りなくシンプルに生きる――それが、私がこの本で言いたいことです（著者）。禅僧にして、大学教授、庭園デザイナーとしても活躍する著者がやさしく語りかける「人生のコツ」。

気にしない練習

名取芳彦

「仏教は、いい人になれなんて言っていません」――著者

ムダな悩みや心配を捨てて、もっと〝ドライ〟に生きる。そんな「気にしない人」になるには、ちょっとした練習が必要です。仏教的な視点から、うつうつ、イライラ、クヨクヨを〝放念〟し、毎日を晴れやかにすごすための心のトレーニング法を紹介します。

患者の前で医者が考えていること

松永正訓

クリニックの選び方から最期の看取りまで――医者の〝本心〟を、包み隠さずお話しします！

患者の話をちゃんと聞いている？／診たくない「迷惑患者」ってどんな人？／医者の「心配ない」は信用できる？／「紹介状を書いて」は、ぶっちゃけ嫌？／手術前はやっぱり緊張する？／ご臨終ですと告げるとき、何を考えている？　現役医師が明かす、「いい医者」を見分けるための必読書！

T30404